연애 정경

BOOK
JOURNALISM

연애 정경

발행일 : 제1판 제1쇄 2017년 5월 15일 제1판 제6쇄 2023년 4월 3일
지은이 : 박소정 발행인·편집인 : 이연대
CCO : 신아람 에디터 : 박가현
디자인 : 이주미 지원 : 유지혜 고문 : 손현우
펴낸곳 : ㈜스리체어스 _ 서울시 중구 한강대로 416 13층
전화 : 02 396 6266 팩스 : 070 8627 6266
이메일 : hello@bookjournalism.com
홈페이지 : www.bookjournalism.com
출판등록 : 2014년 6월 25일 제300 2014 81호
ISBN : 979 11 86984 11 6 03300

북저널리즘은 환경 피해를 줄이기 위해
폐지를 배합해 만든 재생 용지 그린라이트를 사용합니다.

BOOK
JOURNALISM

연애 정경

박소정

: 연애는 어디에나 있으면서 어디에도 없다. TV
드라마는 사랑을 노래하고, 지하철 스크린도어
엔 결혼정보업체 광고가 난무하다. 심지어는 국
가까지 나서 미혼 남녀의 만남을 주선한다. 한편
에선 청년을 연애 안(못)하는 세대라 칭한다. 모
순된 풍경 너머 신자유주의가 있다. 신자유주의는
삶의 조건과 삶을 대하는 자세마저 바꾸었다. 그
러면서 생존의 문제를 로맨스 위에 얹어 놓았다.

차례

아닌 것 · 60년대, 오늘 우리 랑데부의 플랜은 어떻게
되죠? · 70~80년대, 목숨 걸고 순정 바치는 것
90년대, 왜 사랑이란 이름으로 구속을 당해야 하니?
2000년대, 내 여자친구를 소개합니다

프롤로그   연애 정경

'그런 것'을 연구한다. 연애에 대한 연구를 한다고 말하면 사람들은 "그런 걸 연구해서 뭐해요?"라고 묻는다. 많은 사람에게 연애는 젊은 남녀가 사소한 일로 울고 웃으며 청춘을 소모하는 '그런 것'에 지나지 않는다. 그래서인지 주변에서는 연애 같은 얄팍한 문제 말고 먹고사는 일과 밀접한 정치적이거나 경제적인 주제를 다루는 편이 좋지 않겠냐고 조언한다. 그럴 때마다 반문한다. "연애가 왜 중요하지 않은가요?"

우리는 살면서 무수한 연애담을 접한다. 피상적이고 도구적이며 때로는 감정에 매여 휘청이는 우리들의 연애를 보고 듣노라면 연애야말로 20~30대의 가장 정치적이고 경제적인 문제가 아닐까 싶다. 젊은 세대의 물적 조건과 가장 민감하게 묶여 있는 영역, 섬세한 정치가 작동하는 관계. 그것이 연애가 아니고 무엇일까. 연애가 중요하지 않다면 술과 담배의 판매량은 줄어들고 사랑 노래는 의미를 잃을 것이다. 먹고사는 문제가 걸려 있다. 또 어떤 이에게는 죽고 사는 문제이기도 하다. 연애는 현실과 밀착한 실용적인 문제이자 신자유주의, 자본주의, 세대론, 이데올로기, 페미니즘, 근대성과 탈근대성 같은 묵직한 개념과 이론으로도 접근 가능한 주제다.

그러니 어찌 질문하지 않을 수 있을까. 오늘날 한국 사회에서 연애란 어떤 의미인가? 왜 연애하지 못해 안달인가? 혹은 왜 안 하려고 애쓰는가? 답을 찾기 위해 과거와 오늘의 연애 정경情景을 관찰하고, 그 안의 정경政經을 읽어 내고자 한다.

관찰의 시작점에서 우리는 매우 이상한 풍경을 마주하게 된다. 온통 연애거나 연애가 없다. TV 드라마는 언제나 연애를 최우선 소재로 삼는다. 연애 코칭 예능 프로그램이 성행하고, 버스와 지하철 출입문 위에는 결혼 정보 업체나 소개팅 어플 광고가 난무한다. 심지어 지방 자치 단체까지 나서 미혼 남녀의 만남을 주선한다. 바야흐로 연애 시대다.

그러나 한편에서는 오늘을 살아가는 우리를 연애 안 하는 세대 혹은 연애 못하는 세대로 칭한다. 연애는 어디에나 있으면서 어디에도 없다. 모순된 풍경의 배경에 신자유주의가 있다. 신자유주의의 고도화와 2008년 세계 금융 위기는 모순을 가시화해 우리 삶의 조건과 삶을 대하는 자세마저 바꾸었다. 그러면서 먹고사는 생존의 문제를 로맨스 위에 얹어 놓았다.

연애 정경을 읽어 내기 위해 로맨스의 시대적 배경이 되는 신자유주의를 먼저 알아볼 필요가 있다. 그와 함께 서구에서 들여온 개념인 근대의 사랑과 연애를 살펴볼 예정이다. 연애의 뿌리를 알아야 현대의 연애를 관찰할 수 있다. 연애는 시대적 배경과 유기적으로 얽혀 나름의 계통과 계보를 지닌다. 한국의 연애도 근대적 경험을 바탕으로 등장한 새로운 관계 경험에서 시작해 시대에 따라 조금씩 변화해 왔다. 역사를 톺아볼 좋은 사료로 로맨틱 코미디 영화를 택했다. 1950년대부터 2000년대 초반까지 제작된 영화를 통해 시대의 사회적 분위기, 제도적 조건, 사회 속 청년의 위치 등 맥락에 따라 달라진 연애 양식과 감성을 알아본다. 연애 주체의 관계 맺기 방식을 들여다보는 일은 동시대의 특수성을 읽는 좋은 방법이 된다. 서구 사회와 우리의 과거를 경유해 마침내 오늘날 한국 사회의 연애 정경에 도달한다. 2008년 이후 한국 로맨틱 코미디 영화를 비롯한 대중문화 콘텐츠와 청년들의 실제 목소리를 통해 현시대 연애의 특수성을 발견한다.

본격적으로 연애를 논하기에 앞서 독자에게 미리 당부하고 싶은 이야기가 있다. 우선 이 책은 연애 비법서나 자기계발서가 아니다. 어떻게 이성을 유혹하고 대처하라는 귓속말 코칭을 해주지 않는다. '내 연애는 왜 늘 망할까', '왜 나 빼고 다 연애를 할까', '우리 관계가 이래도 괜찮을까', '결혼할 수 있을까' 이런 고민을 하는 수많은 로맨스 주체 중 하나일 당신에게 지리멸렬한 현실을 새롭게 조망하고 스스로의 연애를 되돌아볼 수 있는 시간을 제공하고 싶다. 로맨틱 코미디라는 프리즘을 통해서, 신자유주의라는 거시적인 프레임과 감정이라는 미시적인 프레임을 통해서 나의 연애를 옥죄는 사회적 조건과 이데올로기를 발견하고 나만의 고유한 로맨스를 고민할 수 있기를 바란다.

여기서 다루는 연애는 청년 세대의 이성 간 연애에 국

한한다. 신자유주의 현대 사회를 배경으로 연애하는 청년 세대 문제를 다루고자 20~30대의 연애에 집중했다. 또한 LGBT의 연애, 다자 연애 등 새롭게 가시화되는 연애의 유형들이 있지만 다루지 못했다. 해당 영역에 대한 필자의 식견이 부족할뿐더러, 대중문화 콘텐츠의 노출 정도가 이성 간 연애에 비해 현저히 낮아 자연스레 논의에서 빠지게 되었다. 연애가 점차 보여 주는 데 익숙하고 자랑거리가 되어 가고 있는데, 대중문화 콘텐츠에서 소수자의 연애는 여전히 잘 다뤄지지 않는다. 안타까운 일이다. 특정한 주체의 로맨스만 긍정하는 사회는 건강한 사회가 아니다. 비록 이 책에서는 다루지 못했지만 누구보다 뜨거운 마음으로 연애하고 있을 수많은 연애 주체들을 응원한다.

책에 미처 담지 못한 이야기들은 독자의 고유 경험과 생각으로 채워 주기를 소망한다. 먹고살기만 해도 힘든 오늘날, 그럼에도 불구하고 끊임없이 사랑하고 연애를 고민하는 이들에게 작은 공감과 위로가 되는 글이기를 바란다.

1   신자유주의, 생존을 말하다

생존 경쟁

> 저항, 반항, 유희, 자유, 도전, 모험, 정치적 열정은 이들의 리
> 얼리티와는 무관한 것이 되었다. 가장 중요한 모토로 등장하
> 는 것은 '생존(survival)'이다. 이런 점에서 이들 청년들이
> 각자도생의 전략을 세우고, 도태되지 않고 살아남기를 꿈꾸
> 는 자들로 스스로를 변화시켜 가는 것은 이상한 일이 아니다.
> 김홍중,〈서바이벌, 생존주의, 그리고 청년 세대〉, 2015. 2.

미국의 언어학자이자 철학자인 노엄 촘스키Noam Chomsky는 신
자유주의를 '자본주의라는 탈을 쓴 악마'라고 칭했다. 신자유
주의는 현시대를 규율하고 통치하는 방식을 넘어 수많은 담론
과 이데올로기의 기본 배경이 되었다. 우리가 나누려는 '연애'
이야기에도 물론 빠지지 않는다. 우리 시대 어느 곳에나 존재
하는 신자유주의를 노엄 촘스키는 어떤 이유에서 악마라 불렀
을까. 본격적인 연애 이야기에 앞서 신자유주의의 정의부터 살
펴볼 필요가 있다.

신자유주의는 국가 권력의 시장 개입을 최소화하고 시장
과 민간의 자유로운 활동을 중시하는 정치·경제 이론이자 체
제다. 20세기 중반까지 서구는 국가가 경제에 적극 개입해 고
용과 복지를 책임지는 '큰 정부'를 지향했다. 그러다 1970년대

오일 쇼크가 터지면서 경기 침체와 물가 상승이 함께 나타나는 스태그플레이션을 맞게 되었다. 국민들은 심각한 경제적 고통에 빠졌고 기존의 경제 정책은 실패한 것으로 여겨졌다. 이때 영웅처럼 등장한 구원 투수가 시장주의자들이 제시한 신자유주의 체제다. 그들은 국가가 시장이나 복지 문제에 적극 개입하면 경제의 효율성과 형평성이 악화된다고 주장했다. 그러면서 신자유주의 체제의 '보이지 않는 손'을 강조했다. 시대를 지배하던 수정 자본주의 체제가 저물고 바야흐로 신자유주의 시대의 서막이 올랐다.

국가 권력의 시장 개입보다 자유로운 시장 경쟁을 중시하는 신자유주의 체제는 개인의 시장 경쟁력을 중요한 가치로 여긴다. 개인이 '자유로운 노동력'이 되어야 했던 이유도 여기에 있다. 영국과 미국에서 시작한 신자유주의는 세계로 퍼져 나갔다. 경쟁력을 유지하기 위해 개인은 성격과 능력, 자질을 전 세계 시장이 요구하는 형태로 다듬어야 했다. 신자유주의는 인간의 행동과 사고방식을 규정하는 틀로 점차 변모해 갔다.

자유로운 시장 경쟁 속에서 기업은 노동 유연화를 채택했다. 인적 자원을 탄력적으로 재배분하는 노동 유연화는 본래 급변하는 대내외 환경에 신속히 대응해 기업 경쟁력을 높이기 위해 시행되었다. 그러나 그 이면에는 잉여 인력을 쉽게 해고할 수 있다는 의미가 숨어 있다. 노동자는 살아남기 위한 무한 경쟁에 돌입하게 되었다. 무한 경쟁은 인간의 생존 본능을 자극한다. 국가가 제공하는 사회 안전망이 헐거워지면 경쟁력을 상실한 개인은 생존 문제에 직면한다. 생존 의지가 강렬할수록 적자생존의 법칙이 냉정하게 작동한다. 새로운 체제 속에서 승자는 부를 독식했고 패자의 빈곤은 심화되었다. 양극화 현상이 사회 주요 문제로 떠올랐다. 노엄 촘스키가 신자유주의를 '자본주의의 탈을 쓴 악마'라고 부른 이유를 알 것도 같다.

그럼, 한국에서 신자유주의는 어떤 모습일까. 한국의 신자유주의 역사는 김영삼 정부 후기로 거슬러 올라간다. 당시 한국은 IMF 외환 위기를 겪고 있었고, 이를 극복하기 위해 신자유주의 체제를 도입했다. 신자유주의 체제를 채택한 대부분의 국가는 '작은 정부' 기조 아래 시장 논리에 경제를 맡긴다. 그러나 한국은 달랐다. 정부가 나서 신자유주의 정책을 '수단'으로 활용해 시장 활성화를 통한 경제 성장을 꾀했다. 감세 정책, 규제 완화, 민영화 정책 등을 실시하며 기업의 자유를 확대해 나갔다. 누군가는 이를 '발전주의적 신자유주의developmental neoliberalism'라고 부른다.

국가 경제 성장을 목표했지만 발전주의적 신자유주의는 지난 20여 년간 한국 사회를 불안으로 몰아넣었다. 국가와 기업의 노동 유연화 정책은 수많은 비정규직과 정리 해고의 보편화를 낳았다. 불안정한 노동과 실업 위기는 노동자에게 자연스러운 삶의 조건이 되었다. 통계청 자료에 따르면 1996년 2퍼센트였던 실업률은 2016년 3.4퍼센트로 증가했다. OECD 주요 선진국의 실업률이 같은 기간 2퍼센트 하락한 것에 비하면 큰 증가 폭이다. '이태백(20대 태반이 백수)', '사오정(45세 정년)' 같은 용어가 나온 지도 이미 오래다. 실효성 있는 복지 제도가 미비한 상태에서 청년과 노인 등 사회적 취약 계층의 삶은 더욱 절망으로 내몰리고 있다.

사회학자 김홍중은 이러한 실존 조건을 두고 '생존주의'라는 표현을 사용한다. 생존이란 '삶의 거의 모든 영역 또는 생애 과정 전체에서 진행되고 있는 경쟁 상황에서 도태되거나 낙오되지 않는 상태를 의미'하며, 이는 오늘날 우리 마음의 레짐(regime, 가치나 규범, 규칙들의 총합)이 되었다고 말한다. 그럼, 경쟁에서 승리하면 생존이 보장될까? 그렇지 않다. 또 다른 경쟁이 기다리고 있다. 생존 과정에서 경쟁의 굴레를 영영 벗어나지 못하고 진흙탕에서 몸부림치는 모습이 오늘 우리의 자화상이다.

자기 계발 하는 주체

특정한 체제는 특정한 주체성을 만들어 낸다. 개인은 사회의 지배적 관념을 내재화하고 그에 입각한 사고방식을 갖는다. 가령 한국 사회에서 오랜 기간 존속한 가부장제는 가부장적 인식을 가진 주체성을 양산했다. 여성의 경제 활동이 보편화된 현대 사회에서도 가사를 여성의 몫으로 여기는 통념은 가부장제가 빚은 사고방식에서 비롯한다. 정리하자면, 사회가 공유하는 어떤 지배적인 체제나 관념은 사회 구성원의 행동 양식을 규정하고 그에 적합한 주체성을 배양한다. 알튀세르의 '이데올로기 효과'나 푸코의 '통치성'과 '규율'이라는 개념은 모두 이러한 사회적 메커니즘을 의미한다. 이들 개념이 내포하고 있는 중요한 사실은 국가나 사회가 개인을 강제 혹은 억압하는 방식으로 특정 행동 양식을 훈련시키지 않는다는 점이다. 개인은 자신도 모르는 사이에 특정 관념을 체득하여 자율적인 행동으로 실천한다.

신자유주의 체제 역시 특정한 주체성을 보유한 개인을 만든다. 사회학자 서동진은 이를 '자기 계발 하는 주체'라고 명명한다. 자기 계발은 보통 자신의 재능이나 자질을 발달시키는 과정을 의미한다. 개인 내면의 성장을 목표로 하는 자기 계발은 활기차고 부지런한 삶을 만들어 주는 요소로 늘 장려된다. 그러나 그가 말하는 자기 계발의 의미는 사전적 의미와는 조금 다르다. 신자유주의 시대의 개인은 자신의 시장 가치를 높이는 방향으로 스스로를 관리하고 경영해 나간다. 기업이 시장의 불확실성에 대비하면서도 이윤을 증대하기 위해 경제적 행위를 전략적으로 관리하듯, 개인도 기업의 행동 양식을 생존 전략으로 채택한다.

    자기 계발이라는 이름하에 이루어지는 것들, 가령 외국어 공부나 운동을 비롯한 예체능 활동은 개인의 행복보다는 취업과 일터에서 살아남기 위한 목적에 초점이 맞춰진다. 서점 베스트셀러 코너를 차지하는 수많은 자기 계발 서적들도 사정은 다르지 않다. 아침형 인간이 되고, 몰입하고, 다이어리를 쓰거나 주변 정리를 잘하는 것과 같은 좋은 습관을 가지기를 권한다. 개인의 일상생활에 조언을 해주는 '잠언서'처럼 보이지만, 궁극적으로는 자기를 효율적으로 경영해 훌륭한 노동자로 거듭나기 위한 '지침서'로 기능한다. 결국 자기 계발에서 계발되는 건 온전한 내가 아닌 경쟁의 승리를 위한 노동자로서의 자기自己인 셈이다.

    자기 계발 하는 주체와 연애 사이에는 어떤 관계가 있을까. 신자유주의 시대의 연애를 논하면서 도달할 최종 목적지다. 우리는 종종 자기 계발과 연애 사이에서 갈등하는 주체를 목격한다. 노동자로서 자기를 계발하는 시간과 연인과 함께하는 시간을 두고 저울질하며 애쓰는 모습을 주변인, 아니 더 가깝게는 자신에게서 발견한다. 우리 중 누군가는 자기 계발에만 몰두해도 충분치 않은 치열한 생존 현실 덕에 연애나 결혼을 사치로 여기기까지 한다. 연애와 결혼이 종국에는 잘 계산하고 관리해야 하는 리스크 영역으로 넘어가게 된 것이다.

청년 사용 설명서

취업 모드를 사용하려면 전원 버튼을 누른 후 희망 회사명을 입력하십시오. 이력서, 자기 소개서, 최종 학력 증명서, 토익 성적표 등의 구비 서류를 넣은 후 동작 버튼을 눌러 주십시오. (…) 회사를 선택하기 전에 반드시 입사 가능한 회사인지 아닌지 확인해 주십시오. 철수의 역량 범위 내에 있는 회사 목록은 홈페이지에서 다운로드 받을 수 있습니다. 변동이 심한 부분이오니 최신 버전을 확인해 주십시오. 취업 모드에서 추가로 선택 가능한 것은 대학원/자영업/사업/유학 등입니다. 다른 모드와 동시 사용할 경우 기능이 저하될 수 있습니다. "그 나이 먹도록 아직 백수니?" 하고 좀 더 다그쳐서 성능 향상을 유도할 수도 있으나, 부작용의 우려가 있으니 참고 바랍니다. 만약 기능이 원활하지 않을 경우 청년실업대책위원회의 도움을 받을 수 있습니다.

전석순, 《철수 사용 설명서》, 민음사, 2011.

청년 문화는 지금 이 순간의 사회 정서를 반영한다. 전석순의 소설 《철수 사용 설명서》는 한국 사회가 청년을 규율하는 알레고리를 포착한다. 소설은 철수를 하나의 규격화된 상품으로 취급하며 제품 사양을 설명하듯 소개해 나간다. 현실도 다르지 않다. 청년들은 제한된 선택권 내에서 자신의 미래를 계획한다. 그 안에서 자신의 역량을 강화하며 각종 자격 증명서를 통해 이를 증명한다. 증명이 이루어지기 전까지는 기능 저하와 부작용 위협에 놓인 채 쓸모없는 잉여 인간 취급도 감수한다. 그나마도 소설이 낫다. 현실에서는 청년실업대책위원회의 도움을 받기도 어렵다.

역사 속에서 청년은 다양한 방식으로 호명되어 왔다. 청년이라는 단어는 서구 근대 사회가 성립되는 과정에서 처음 등장했다. 근대 국가는 젊은이들의 저항성을 흡수해 사회 규범에 부합하는 주체로 청년 개념을 만들어 냈다. 젊은이들이 지닌 패기나 반항 의식은 교묘히 가리고 규격화된 규율 안을 벗어나지 않는다는 이미지를 생성했다. 이후 시공간 맥락에 따라 청년은 사회 안에서 조금씩 다른 모습으로 나타났다. 한국 사회에서도 마찬가지였다. 세금과 요역의 효율적 부과를 위해 만들어진 하나의 부류로 이용되기도 했고, 어느 날에는 민중 문화의 주체로 이해되기도 했다. 청년이라는 개념은 시대를 거듭하며 다양한 의미가 경쟁하는 담론장의 기능을 해왔다.[1]

신자유주의 체제 역시 청년들을 호명하는 신조어를 만들어 냈다. '88만 원 세대'와 'N포 세대'가 대표적이다. 88만 원 세대는 대학 졸업 후에도 저임금 비정규직으로 일하며 미래에 대한 불안을 안고 사는 20대를 은유적으로 일컫는 말이다.[2] 88만 원은 이 용어가 탄생한 2007년 한국 비정규직의 평균 임금인 119만 원에 20대의 임금 비율 74퍼센트를 곱한 금액이다. 부정수不定數 N을 넣어 셀 수 없이 많은 것을 포기한다는 의미를 담은 N포 세대는 조금 더 슬픈 현상現狀을 담고 있다. 처음에는 청년 실업 장기화로 인해 연애, 결혼, 출산을 포기한다는 '3포 세대'에서 시작해, 내 집과 인간관계, 나아가 꿈, 희망 그리고 건강과 외모마저 포기한다는 개념의 N포 세대가 등장했다.

또 다른 용어로는 니트족(NEET · Not in Education, Employment or Training)이 있는데, 학교나 직장 등 어디에도 속하지 못한 청년 무직자를 뜻한다. 얼마 전 한국 대학 졸업자 4명 중 1명은 니트족에 해당한다는 조사가 있었는데 실상은 그보다 많을 것으로 예측된다. "요즘 누가 이 좋은 대학을 4년만 다니느냐"는 자조 섞인 농담마저 나왔다. 진로를 정하지 못해(정했어도 취업을 하지 못해) 졸업을 유예하고 대학에 남아 있는 청년들이 부지기수다. 신분은 학생이지만 사실상 서글픈 니트족이다.

청년들의 생존주의

"노오력이 부족하다." '노오력'은 기성세대가 구조적 문제는 무시한 채 노력이 부족하다는 말로 청년 세대를 규탄한다는 데서 비롯한 일종의 비꼼 투다. 신자유주의 체제 아래에서 청년들은 생존을 위해 사회와 기업이 요구하는 노동력에 자신을 맞추고 자기 자신을 끊임없이 경영한다. 소위 '스펙'은 자기 계발의 구체화된 형태다. '8대 스펙'이라 불리는 학벌, 학점, 어학 성적, 자격증, 어학 연수, 수상 경력, 인턴 경험, 봉사 활동은 취업을 준비하는 청년에게 필수 요소다.

8대 스펙을 지녔다고 능사는 아니다. 8대 스펙을 모두 갖춘 친구 A는 취업에 성공하지 못해 몇 년째 취업 준비생 신분이다. 면접관은 그에게 "인생에서 실패한 경험이 있는지" 물었고, A는 제대로 대답하지 못했다. 비단 A만이 가진 기억은 아니다. 자기 소개서 단골 항목인 '인생에서 가장 힘든 경험은 무엇이었으며, 어떻게 이겨 냈는가?'라는 질문에 막막해했던 경험은 이 글을 읽는 10명 중 8명에게는 있을 것이다. 대학에 떨어졌을 때라든지, 할아버지가 돌아가셨다는 경험담은 너무나 흔해서 '훌륭한' 고통이 되지 못한다. 성취를 부추기는 신자유주의 사회와 기업 체제는 이제 청년들에게 시장 경쟁력 있는 실패담까지 요구한다.

생존 경쟁 속 청년들은 미래 전망이나 대안적인 삶의 방식을 고민하기보다는 당장의 먹고사는 실용적 문제에 몰두할 수밖에 없다. '20대 개새끼론'이 탄생하게 된 배경도 여기에 있다. 386세대가 바라보는 20대는 정치의식이 결여돼 투

표나 사회 운동에 참여하지 않고 자기 스펙 쌓기에만 골몰하는 속물적 존재다.[3] 물론 과거와 비교해 청년들이 비정치화, 탈정치화된 측면은 분명 있다. 그러나 88만 원 세대를 386세대와 동일선상에 두고 판단해서는 안 된다. 신자유주의 정책 도입 이전과 이후는 그야말로 천지차이기 때문이다. 요즘 청년들에게는 데모를 하면서 연애도, 취직도 할 수 있는 사회적 조건이 마련되어 있지 않다.

생존 경쟁 이면에는 '잉여'가 있다. 잉여는 본래 '쓰고 난 나머지'를 뜻하는 말인데, 특별한 사회적 생산 활동을 하지 못하고 인터넷 커뮤니티에서 많은 시간을 허비하는 이들이 자조적으로 부르기 시작하면서 수정, 확산된 용어다. 세 명의 청춘이 등장하는 2013년 영화 〈잉투기〉는 오늘날 잉여 세대가 삶을 대처하는 방식을 그린다. 태식(엄태구 분)과 희준(권율 분)은 뚜렷한 목표 없이 하루하루를 살아가는 청년으로, 게임에서 만난 상대와 '현피(현실의 앞 글자인 '현'과 Player Kill의 앞글자인 'P'의 합성어. 인터넷 게임에서 알게 된 사람과 실제로 만나 싸우는 행위)'를 뜨는 데 목숨을 건다. 영자(류혜영 분)는 학교와 가정에서 소속감을 느끼지 못하고 방황하다가 인터넷 먹방 BJ 활동을 통해 욕구 불만을 해소한다. 스펙 쌓기가 사회에서 인정받을 수 있는 자기 자산을 쌓는 데 몰두하는 행위라면, 잉여는 사회가 생산적이지 못하다는 이유로 버려둔

나머지에 집중한다. 사회가 매기는 교환 가치, 시장 논리로부터 멀리 떠나온 이들의 방식은 어쩌면 노자의 무위자연보다 한 발 더 나아간 태도다.

속물과 잉여, 신자유주의 체제가 생산한 현시대 한국 청년들의 초상이다. 상반한 성격처럼 보이지만 우리는 이들에게서 공통적인 특성을 찾을 수 있다. 바로 연애, 결혼, 출산으로 이루어지는 '친밀성 영역'을 포기한다는 점이다. 날마다 생존이 목적인 치열하고 속물적인 삶을 살든, 생산하지 못하며 부유하는 잉여로 살든 이들은 친밀성 영역을 우선 포기한다. '취직해서 결혼하고 애 낳고 사는 것'이 부모 세대에게는 지극히 흔한 삶이었지만, 당장 취직이라는 최우선 과제를 달성하기 어려워진 청년 세대에게 결혼하고 애 낳는 과정은 자연스레 연기되거나 포기된다. N포 세대의 시작이 연애, 결혼, 출산의 3포에서 시작된 것만 봐도 알 수 있다. 스스로를 자유로운 노동력으로 경영하는 과정 혹은 그러기를 포기한 상태에서 연애나 결혼이라는 사적 관계는 부담으로 다가온다. 드라마가 보여 주는 장밋빛 미래와는 한참이나 거리가 멀다.

결혼의 기회비용

'결혼의 기회비용'이라는 표현을 들어 본 적 있는가. 기회비용 opportunity cost은 어떤 선택으로 인해 포기된 기회가 갖는 가치를 뜻한다. 그러니까 결혼의 기회비용은 결혼을 하지 않은 독신일 때 누리게 되는 기회 혹은 가치로 해석된다. 부모 세대에게 결혼의 기회비용이 독신으로 누릴 수 있는 '자유' 정도를 의미했다면, 현대의 결혼 적령 세대에게는 포기해야 할 더 큰 경제적 가치와 기회의 문제로 다가온다.

결혼 준비가 한창인 친구 B는 주기적으로 울분에 찬 하소연을 해댄다. 결혼에 돈이 많이 든다는 사실은 알았지만 이 정도일 줄은 몰랐다는 거다. 비용을 줄이려고 요즘 유행하는 스몰 웨딩에 편승해 '스드메(스튜디오, 드레스, 메이크업)'도 최소한으로 했지만 여전히 비용 문제가 해결되지 않았다고 한다. 혼수나 예단은 소박하게 하기로 양가에서 합의를 본다 하더라도 대망의 신혼집 문제가 남아 있는 탓이다. 부동산 가격이 천정부지로 뛰는 가운데 수도권에서 괜찮은 신혼집을 마련하기란 하늘의 별 따기다. 어느 대선 출마자가 신혼부부에게 1억 원을 준다는 공약을 내걸었을 때 모두가 우스갯소리로 넘겼지만, 많은 예비부부가 그의 공약이 현실이 되기를 바랐을지도 모른다.

포기해야 하는 기회도 만만찮다. 신자유주의 시대 노동시장은 개인에게 언제든지 노동 가능한 '자유로운 노동력'이 되기를 요구한다. 주말이나 밤에 특근을 할 수 있어야 하고, 다른 지방 혹은 해외에 나가 근무할 수 있기를 바란다. 그러나

아이를 키우는 부부가 24시간 노동 가능한 경쟁력을 갖추기는 현실적으로 불가능하다. 두 가치가 상충할 때 대부분 남성보다는 여성이 자신의 커리어를 포기하고 가정에 전념한다. 과거와 달리 독립적인 경제 활동이 가능해진 여성들은 결혼하면서 발생하게 될 경쟁력 상실과 불이익을 더 이상 감당하고 싶지 않아 결혼을 포기하게 된다.

결혼의 기회비용을 통감하기 시작하면서 결혼에 대한 인식도 바뀌었다. 10년 전만 해도 남자의 75퍼센트, 여자의 61퍼센트가 결혼을 '반드시 해야 한다'고 생각했다. 하지만 2017년 현재 인구 중 절반은 결혼이 반드시 필요하지는 않다고 생각한다. 실제로 한국 사회에서 결혼은 계속해서 늦춰지고 있다. 1990년에 남성 27.8세, 여성 24.8세였던 결혼 연령이 2016년에는 5년 정도 늦춰져 남성 32.8세, 여성 30.1세가 되었다. 굳이 통계 자료를 들여다보지 않아도 서른 전에 결혼하는 이들에게 "왜 이렇게 빨리 결혼을 하느냐"며 호들갑을 떠는 풍경에서 이런 변화를 감지할 수 있다.

신자유주의 시대를 살아가는 현대인에게 결혼은 당연하게 지나갈 인생의 통과 의례가 아닌, 기회비용을 따져 신중하게 고려하고 계산해서 수행해야 하는 과제가 되었다. 결혼의 기회비용이 커지면서 결혼을 포기하는 이들도, 결혼을 기피하는 이들도 늘어나고 있다. 이러한 현상 변화와 인식 변화를 우리는 '보편혼의 붕괴'라고 부를 수 있겠다.

결혼 안 하는 여성들

저출산의 주범은 고스펙 여성이다? 한국보건사회연구원은 학력과 소득 수준이 높은 여성들이 기회비용을 따지느라 결혼 시장 진입이 늦어져 비혼과 만혼, 나아가 저출산까지 야기한다고 분석했다. 그들의 분석대로 보편혼이 붕괴되고 연애가 어려워진 까닭이 전부 고스펙 여성들 탓일까. 여성들의 사회 경제적 지위를 하락시키면 혼인율과 출산율이 모두 높아져 건강한 사회를 만들 수 있을까.

근대의 가정은 가족의 생계 부양을 위해 밖에서 돈을 벌어 오는 남성bread-winner과 가사와 육아를 담당하며 가정을 꾸리는 여성home-maker으로 이루어져 있었다. 우리는 이를 '젠더 분업 체제'라고 부른다. 탈콧 파슨스Talcott Parsons 등 많은 사회학자들은 이것을 근대의 가장 이상적인 가족 형태로 보았다. 그러나 시대는 이미 다음 장으로 넘어간 지 오래다. 여성의 경제 활동 참여가 확대되어 '여성 생애 주기의 남성화the masculinization of women's life course'가 이루어지고 있는 지금, 젠더 분업은 유지되기 어렵다.[4]

문제는 여전히 젠더 분업 체계와 같은 구시대적 인식이 살아남아 여성을 괴롭히고 있다는 점이다. 여성은 경제 활동을 시작하며 생계 부양의 부담을 나눠 가졌지만, 구시대적 인식은 남성이 가사 영역으로 들어오는 것을 가로막았다. 그 결과 여성은 임금 노동과 가사 노동, 이중의 책임을 떠맡게 되었다. '경력단절녀'와 같은 표현은 일과 양육을 병행하는 과정 속 여성의 고충을 반영한다. 이런 현실을 고려할 때, 여성의 비혼 의사가 증가하고 결혼 선호율이 남성에 비해 약 10퍼센트 낮은 것은 놀라운 일이 아니다.

안타까운 점은 같은 이유로 연애마저 거부하는 여성들이 생겨나고 있는 현실이다. '철벽녀'의 증가가 대표적 현상이다. 철벽녀는 남성의 호의를 거절하며 그 어떤 연애의 여지도 주지 않는 여성을 부르는 말이다. 이들은 연애 행위에 무기력감이나 거부감을 느낀다. 그 배경에는 다양한 원인이 있겠지만 결혼과 육아로 경력이 단절될 수 있다는 두려움과 회의가 가장 크게 작용한다. 그러니 철벽은 '경력단절녀'가 된 자신의 미래를 미리 내다본 여성들이 취하게 되는 방어 태세이자, 비혼을 희망하는 여성들의 전략인 셈이다.

"애 낳고 출근하면 이기적인 년이고, 안 나가면 맘충." 출산 경험이 있는 기혼 여성이 언론 인터뷰에서 남긴 말이다. 같은 N포 세대지만 남성과 여성이 놓인 사회적 조건은 확연히 다르다. 여성의 사회 경제적 지위 상승이 그들 삶의 선택지를 넓혔다고 했지만, 실제 삶은 그렇지 못한 경우가 많다. 결혼을 결심한 일하는 여성에게 일과 가정 중 하나를 선택해야 하는 순간이 반드시 도래하기 때문이다. 그들은 이런 양자택일의 고통을 마주하느니, 결혼도 연애도 거부하고 싱글로 남는다. 여성에게 연애나 결혼이 낭만적이지만은 않은 이유다.

낭만적 사랑

독일 철학자 위르겐 하버마스Jurgen Habermas는 전통 사회가 탈전통 사회로 근대화되는 과정에서 사회 내부가 공적 영역과 사적 영역으로 분화된다고 말한다. 이때 공적 영역은 행정·경제 체계로, 사적 영역은 생활 체계로 구성된다. 독일 사회학자 니클라스 루만Niklas Luhman 역시 그에 동의한다. 근대화 과정을 거치며 개인은 이분화된 자아를 갖는다. 자유로운 노동자인 동시에 내면 계발에 집중하는 두 자아의 융합이 개인이다. 루만은 이를 '비인격적 관계'와 '인격적 관계'라고 표현한다. 사랑은 두 주체가 친밀성을 기반으로 인격적 관계 안에서 만들어 나가는 사적 영역이다. 개인은 노동 시장의 비인격적 관계에 참여하며 경제적 개인의 자아를 실현하는 동시에 사랑을 통해 자아를 발견하고 발전시켜 나간다.

그렇다면 사랑은 언제 처음 '가치' 있게 여겨지기 시작했을까. 사랑은 12세기의 발명품이라는 말이 있다. 사실 그 이전에도 사랑은 있었지만, 교회법이나 봉건 제도의 속박에 갇혀 진실한 사랑의 존재가 사람들의 관심사가 될 수 없었다. 그러다 12세기에 기사도 문학이 인기를 끌면서 왕과 귀족들의 궁정식 사랑courtly love이 칭송받기 시작했다. 사랑의 종류는 시대와 함께 변화해 왔는데, 로미오와 줄리엣처럼 자신의 일상까지 파괴하는 극단적 선택도 서슴지 않는 열정적 사랑

amour passion과 신에게 헌신하듯 서로를 숭고하게 여기는 사랑 sublime love이 강력한 이상향이던 때도 있었다. 그러다 18세기에 이르러 낭만적 사랑romantic love이 시대의 이상적 사랑으로 떠오르게 되었다.

사회학자 앤서니 기든스Anthony Giddens는 낭만적 사랑을 '개인화되어, 더 넓은 사회적 과정에 대해서는 어떠한 준거점도 가지지 않는 어떤 개인적 서사 안에 타자를 삽입하는 이야기'로 정의한다. 전통 공동체 삶에 묶여 있던 개인이 근대 사회의 자유로운 개인이 되면서 로맨스는 사적 영역의 삶에 한층 가까워진다. 이 시기를 거치며 로맨스는 더 이상 허구나 환상이 아닌 개인이 직접 써 내려가는 삶의 서사narrative가 되었다. 자신만의 로맨스 서사를 통해 삶의 한 부분을 조직하고 자기 정체성을 찾아간다. 기든스는 로맨스라는 단어 자체가 '이야기한다'는 의미를 지니고 있으며, 낭만적 사랑과 소설은 비슷한 시기에 탄생했다고 말한다.

그러나 사랑은 여전히 숭고하고 도덕적인 방식이어야만 한다. 첫눈에 반하는 충동성을 간직할 수 있지만 그 이상의 노골적인 열정은 배제된다. 성적이고 에로틱한 충동은 낭만적 사랑이 아니다. 유일한 상대를 향한 영원하고도 헌신적인 관계를 약속할 때 섹슈얼리티는 낭만적 사랑 안에서 허용된다. 결혼은 이를 완성하는 제도다. 결혼을 통해 형성된 가정 안에서 남성은 일터로 나가 부양의 책임을, 여성은 가정을 유지하고 사랑을 키워 나가는 친밀성 영역을 도맡으며 낭만적 사랑이 유지된다. 이 과정에서 여성의 자아실현 각본이 낭만적 사랑의 결실인 결혼으로 귀결되며 여성의 역할은 제한된다. 낭만적 사랑의 복합체는 도덕적 로맨스라는 관념의 영역과 결혼이라는 제도적 영역이 융합한 결과물이다. 그 서사를 바탕으로 근대적 젠더 분업 체계가 형성되며 가정은 사적이고 폐쇄적인 영역으로 들어서게 된다.

위험 사회 속 합류적 사랑

새로운 사회 조건은 새로운 개인성을 만든다. 근대 사회를 지나 현대 사회로 접어들며 인간은 더 이상 위험을 제어할 수 없게 되었다. 독일 사회학자 울리히 벡Ulrich Beck은 이런 현대 사회를 '위험 사회risk society'라고 부른다. 과학 기술의 발달은 원전 폭발이나 기후 변화를 야기해 예측 불가능한 위험을 낳았다. 핵전쟁과 생화학 전쟁의 위험은 인간을 공포로 몰아넣었다. 어마어마한 속도로 기술이 발전하고 그를 통해 부를 축적하는 사이 현대 사회를 둘러싼 위험은 여러 영역에서 몸집을 불렸다.

"빈곤은 위계적이지만 스모그는 민주적이다"라는 벡의 말처럼 위험은 빈부, 인종, 성별을 가리지 않고 덮쳐 온다. 위험 사회는 만인의 불안을 유발하고 모든 인간에게 계산적이

길 권유한다. 끊임없이 생겨나는 위험을 계산해 스스로를 보호해야 한다. 문제는 위험을 셈하는 방법이다. 위험이 다원화되고 그 범위가 커질수록 개인이 놓인 불안의 조건은 늘 새롭다. 전통적 행동 규범은 무용하다. 위험은 폭풍에 대비해 울타리를 보수하는 정도의 예측과 행동으로 방어되지 않는다. 당장 눈앞에 핵이 떨어지거나 지진 발생으로 모든 것을 잃을지도 모를 일이다.

의지할 삶의 지침이 없는 상황에서 개인은 오로지 자신에게 의존한다. 전통 사회에서 국가나 가족에 포섭되어 있던 자아는 위험 사회로 접어들며 그 어느 때보다 주요한 가치를 지니게 되었다. 이정표가 없는 혼란한 세계에서 중심을 잃지 않고 자신을 보호하기 위해서는 자아를 성찰하고 탐구하는 일이 필수적이다. 현대 철학의 거두 찰스 테일러Charles Taylor는 이를 '성찰적 개인reflexive individual'이라고 칭한다. 성찰적 개인은 자신과 주변에 대해 끊임없이 고찰하며 쌓아 온 나름의 생존 가이드라인인 '내부 참조 체계'를 통해 주변 세계를 경험하며 가치관을 형성한다. 자신만의 보호 고치를 만들어 위험 사회에서 스스로를 보호하고, 보호 고치를 만든 경험이 다시 내부 참조 체계를 구성하는 하나의 자원이 된다. 성찰적 개인은 자신이 아는 것, 원하는 것, 좋아하는 것, 지향하는 것을 끊임없이 파악하면서 전보다 뚜렷하고 섬세한 형태로 계발된다.

새로운 개인성의 등장에 따라 사랑의 형태도 변화했다. 위험 사회 속 개인은 자신을 보호해 주던 울타리를 잃고 내적 고향을 상실한 상태로 내버려진다. 내부 참조 체계에만 의존하며 고독한 싸움을 해내야 하는 개인에게 친밀성의 영역인 사랑은 삶에 의미를 부여하는 중심축이 된다. 상실의 시대에는 오직 사랑만이 개인의 안식처이자 쉼터가 된다. 벡의 표현처럼 사랑은 가히 신흥 종교로 불릴 만하다. 사랑이 간절해질수록 사랑은 고달프다. 신자유주의 노동 시장은 개인에게 언제든 이동 가능한 자유로운 노동력이기를 요구한다. 사랑과 결혼에 정박해 안정감을 되찾고 싶어 하는 개인에게 현실 조건은 가혹하다. 개인은 두 가치가 충돌하고 분열하는 과정을 반복하며 같은 고민을 하는 또 다른 개인을 만난다. 두 개인은 사회에서 경쟁력을 잃지 않으면서도 사랑을 갈구하는 존재로 따로 또 같이 고군분투하며 삶을 조율해 나간다.

기든스는 이를 '합류적 사랑confluent love'이라고 부른다. 두 개인은 각기 다른 곳에서 흐르기 시작한 두 개의 지류와 같다. 낭만적 사랑이 견고한 바위라면 합류적 사랑은 흘러가는 강물과 같다. 아무 상관없는 삶을 살아온 두 개인은 지류가 어느 합류점에서 만나 하나의 강물로 흘러가듯 어떤 계기로 만나 한 방향으로 함께 나아간다. 강물은 바다가 될 수도 있고, 어떤 시점에서 다시 갈라져 각자의 방향으로 흘러갈 수도 있다. 사랑하는 두 주체는 현재를 유대하고 공유하지만 미래의 시간은 열린 결말 그대로 받아들인다. 영원하고 유일무이한 낭만적 사랑을 탈각한 대신 현대 사회의 유동성을 수용한다.

네가 나를 사랑하는 만큼 나도 너를 사랑한다. 감정의 '기브 앤 테이크give and take'는 합류적 사랑의 기본 형태다. 합류적 사랑은 두 개인의 관계 외적 요소에는 구애받지 않고 오로지 감정에 의해서만 규정된다. 사랑의 동기는 오직 사랑이다. 두 개인이 서로에 대해 충분한 사랑을 느끼고 상대의 사랑으로부터 충분한 만족을 느끼는 동안에만 합류적 사랑은 지속된다. 사랑 그 자체가 동력이 된 관계는 합의가 아닌 일방적 의지에 따라 언제든 깨어질 수 있다. 사랑을 잃고 싶지 않은 개인은 관계를 유지하기 위해 감정의 기브 앤 테이크에 민감하게 반응해야 한다. 낭만적 사랑은 '특별한 존재the one and only'를 전제하지만 합류적 사랑에는 생애 단 하나의 운명적 상대는 없다. 노력의 기울기에 따라 관계는 변화하고, 특별한 존재 역시 변할 수 있다.

사랑은 왜 아픈가. '사랑의 사회학자' 에바 일루즈Eva Illouz는 자본주의의 심화와 감정 문화의 발달이 함께 이루어져 왔으며, 현대 사회의 개인은 감정 자본주의emotional capitalism 안에 있다고 말한다. 개인은 감정마저도 하나의 자본으로 여기며 감정을 관찰하고 활용하는 능력을 갖춰야만 한다. 나의 감정을 잘 표현하지 못하거나 상대의 감정을 읽지 못하는 등 감정 자본을 조절하는 능력이 부족한 사람은 인간관계와 사회 활동에서 도태된다. 현대 사회에서 연애가 지닌 불안의 근원도 같은 맥락에 위치한다. 감정이 주요 자본이 된 만큼 자기 내면의 감정이 가치 판단의 가장 중요한 고려 사항이 된다. 각기 다른 감정 자본을 가진 두 개인이 자신의 감정을 앞세워 감정을 자유롭게 표현하며 일정한 기준점 없이 관계를 맺다 보니 사랑이 계산하고 가늠하는 형태로 발현될 수밖에 없다.

현대 사회의 사랑은 개인 삶의 중심축이자 준거점이다. 사랑은 지독한, 그러나 너무나 정상적인 혼란이라고 했던 벡의 말처럼 현대 사회에서 사랑은 지독한 혼란이지만 누구나 겪는 혼란이기도 하다. 유동하는 현실 위에 한없이 취약하고 불안한 존재인 개인은 사랑이 주는 혼란을 정통으로 맞이한다. 사랑마저도 위험 사회의 불안 요소가 되어 버렸다.

연애의 등장

호동 왕자와 낙랑 공주, 성춘향과 이몽룡. 역사를 통틀어 남녀 간의 사랑이 존재하지 않은 순간은 없다. 그러나 이들의 사랑은 연애로 불리지 못했다. 왜일까.

우리나라에서 '연애'라는 표현이 처음 사용된 시점은 20세기 초반으로 거슬러 올라간다.[5] 1912년 《매일신보》에 연

재된 소설《쌍옥루》에 '연애는 새롭고도 신성한 일'이라고 말
하는 인물이 등장하면서 '자유연애'의 준말로 사용되었다.

> 묘령의 남녀가 비로소 세상사를 분변할 지경에 이르러 미래
> 를 상상하는 마음으로 남녀 간 연애의 즐거움을 상상하는 것
> 같이 즐거움은 없는 것이라.
>
> 조중환,《쌍옥루》, 1912.

연애의 등장은 전통적인 관계와 질서가 변모하기 시작한
역사적인 징표라고 할 수 있다. 근대 이전까지 한국에서 남녀
관계는 사회적으로 공인된 관습이 아니었다. '남녀상열지사'
를 경계하며, 부부 이외 남녀 관계는 위험하고 부도덕하다고
보았다. 관점에 변화가 생긴 건 한국 사회가 근대로 들어서면
서부터다. 근대 사회에서는 개인 혹은 개인의 주체성이 중요
한 요소로 인식되기 시작했다. 20세기 들어 연애라는 새로운
단어가 필요하게 된 이유도 같은 선상에서 해석할 수 있다. 그
동안 국가나 가족에 포섭되어 있던 개인이 점차 능동적 주체
로 진화하며 남녀 관계가 그 자체로 도드라질 수 있게 되었다.

언어 결정론을 말한 빌헬름 폰 훔볼트Wilhelm von Humboldt
는 언어가 인간의 의식과 사고, 세계관 등을 결정한다고 주장
한다. 이러한 관점에서 자유연애의 탄생 역시 남녀 간 만남을

가족과 국가의 통제에서 벗어나게 만드는 일종의 '언어 전략'
이었다. 자유연애는 결혼을 상대적으로 억압적인 계약 관계로
규정함으로써 개인 간의 자유로운 연애를 가능케 해야 한다는
주의主義를 시사한다. 자유연애는 사회가 정한 규범 체계에 의
존하지 않는다. 혼인이라는 목적지를 정해 두지 않고 개인의
자유로운 감정 표현과 소통을 추구한다. 자유연애를 통해 개
인은 비로소 감정적이고 자율적인 주체로 거듭나게 되었다.

　　물론 과도기는 존재했다. 자유연애가 보편화되기 전에
는 '자유 결혼'이 있었다. 집안의 거래로 이루어지던 구시대
적 결혼 관습보다는 당사자의 자유로운 선택에 따른 결혼이
주장되기 시작했다. 더 이상 집안의 이름이 아닌 개인의 자질,
용모, 능력 등이 결혼의 중요한 고려 사항이 되었다. 국가의 기
획이기도 했던 자유 결혼은 보다 훌륭한 자질, 용모, 능력을 가
진 이들끼리 결혼할 기회를 국가가 보장하면서 부강한 국가
로 나아가는 수단으로 사용되었다. 이름은 자유 결혼이었지
만 남녀 관계는 여전히 국가에 포섭되어 있었다.

　　시대를 거치며 연애는 뚜렷한 규칙과 행위를 갖춰 왔다.
현대의 연애는 일종의 의례ritual 형식을 띠는 것처럼 보이기도
한다. 연애인戀愛人들은 둘의 연애가 시작된 지 100일, 200일
그리고 1주년 등을 기념일 삼아 특별하게 보낸다. 심지어는
하루에 일정량 이상 연락을 주고받고, 커플룩을 맞추어 입으

며 서로에게 연인 사이임을 확인받는다. 이런 규칙들은 대부분의 연인에게 통용되기도 하고 개별 연인끼리 합의해 형성되기도 한다. 사랑이 보다 형이상학적 차원에서의 감정을 일컫는다면 연애는 관계와 실천의 차원이다. '연애한다'는 말은 '사랑한다'는 의미 외에 부수적인 관계의 규칙과 실천 행위를 수반한다. 물론 연애와 사랑이 별개의 것은 아니다. 그러나 연애하지만 사랑하지 않을 수도 있고, 사랑하지만 연애하지 않을(못할) 수도 있다. 호동 왕자와 낙랑 공주, 성춘향과 이몽룡 사이에 절절한 사랑의 노래가 드리워져도 연애라는 표현을 사용하지 못한 이유가 여기에 있다.

유동하는 연애, 썸

근대의 시작과 맥을 같이한 연애는 시대를 거치며 다양한 형태로 변화해 왔다. 연애는 스스로 형태를 변화하는 것을 넘어 독특한 관계 양식을 부산물로 만들어 내기에 이른다. 우리는 '의심과 확신의 경계 그 어딘가'를 '썸'이라고 부른다. 썸은 공식적인 연인 관계가 아니기 때문에 서로에 대한 감정적 충실의 의무와 약속에서 자유롭다. 그러나 상호 호감에 대한 암묵적 합의는 갖추고 있기에 둘은 형용하기 어려운 관계다. 두 사람 사이에 '미묘한 무언가something'가 있다고 표현한 데서 유래한 썸은 신조어로 등장한 이후 젊은 세대에서 통용되는 하나의 문화적 현상이 되었다.

요즘 따라 내꺼인 듯 내꺼 아닌 내꺼 같은 너, 니꺼인 듯 니꺼
아닌 니꺼 같은 나

소유&정기고, 〈썸〉 가사

사귀자 그 얘기 대기 달콤한 말 눈빛 터치 그런 게 재미, 사랑
의 정의를 왜 이 나이에 정해 just 설레임 좋잖아? 설레임 cool

케이윌, 〈썸남썸녀〉 가사

젊은 세대에게도 썸의 기준은 모호하다. 연애에 관한
논의가 활발하게 이루어지는 온라인 커뮤니티 '네이트판' 검
색창에 썸이라고 입력하면 썸의 기준에 대한 질문과 토론이
게시물의 주를 이룬다. 연인 관계나 혼인 관계와는 달리 썸은
관계의 정의와 기준부터 모호한 유동성을 지니고 있다. '친
구와 연인 사이', '사귀기 전 단계', '사귀기 전 가장 좋을 때'
등으로 합의점을 찾지만, 썸의 기준이 분명한 단어로 일축될
수 없는 것처럼 관계 역시 변화 가능성을 늘 내재하고 있다.
　흥미롭게도 썸이 지닌 불안정한 '변화 가능성'이야말로
젊은 세대의 욕망이 반영된 요소다. 사람들은 "연애하고 싶다"
라고 말하지 않고 "썸 타고 싶다"라고 말한다. 연인 관계는 연

인 사이라는 분명하게 규정된 관계로 마음의 책임을 요한다. 그런데 썸은 이런 책임감에서 자유롭다. 정의조차 모호한 썸은 어떤 식으로든 규정된 관계가 아니다. 사람들은 규정된 관계가 요구하는 규범과 책임에서 벗어나 자유롭기를 욕망한다.

썸은 사랑이라는 행위를 하는 자신에 대한 나르시시즘도 투영한다. 때론 사랑 그 자체보다 사랑을 하는 자신의 모습에 더 큰 만족을 느낀다. 일각에서는 연애가 요구하는 경제적 부담, 관계적 부담 등은 기피하고 연애가 주는 설레는 감정만 소비하고 싶은 이기심에서 비롯한 관계로 썸을 바라본다. 그러나 한번쯤은 현대의 유동하는 사회 조건 속에서 관계를 갈망하는 안타까운 현실이 반영된 연애의 형태라고 생각해 볼 필요가 있다. 타인을 책임지는 것이 사치인 현실 조건에서 연애가 주는 약간의 부담을 줄이면서도 관계 맺기를 포기하지 않으려는 전략이 발현된 형태가 썸이다.

변화 가능성이 늘 내재된 썸을 유지하기 위해서는 '밀당'의 기술이 필요하다. '밀고 당기기'의 준말인 밀당은 서로의 감정을 분명하게 확인할 수 있는 대화나 제스처는 피하면서도 암묵적으로 일정 수준의 호감은 유지하는 방식이다. 밀당은 의도적으로 발휘될 수도 있고 의도치 않게 자기 방어 기제로 나타날 수도 있다. 마음을 노골적으로 표현한다거나 상대의 호감에 과도하게 벽을 쌓는 순간 관계는 끝난다. 밀당에는 고도의 줄타기 기술이 필요하다.

쿨하지 못하면 자격 미달이다. 사소한 것에 연연하지 않고 태연한 자세를 취해야 한다. 실제 성격 자체가 그렇다기보다 상대에게 겉으로 취하는 자세가 그래야 한다는 의미다. 사랑의 열정에 휩싸여 허우적거리다가는 밀고 당기기의 균형을 잃게 마련이다. 균형을 잃은 관계는 그대로 종말을 맞는다. 상대에게 부담을 주지 않으면서 관계를 이어 나갈 수 있게 해준다는 점에서 선을 넘지 않는 쿨한 태도는 일종의 배려로 여겨지기까지 한다.

결국 썸의 핵심은 쿨한 태도로 밀고 당기는 데 있다. 수평 저울의 영점을 맞추는 행위와도 같은 섬세함이 필요하다. 작은 실수에도 썸이 가진 설렘은 버거운 감정으로 변한다. 감정이 버거워지는 순간 둘의 관계는 열매를 맺지 못하고 각자의 생으로 돌아가 생면부지보다 못한 관계가 된다. 자신의 감정을 보호하면서도 상황에 기민하게 대처하는 이 관계야말로 현대 사회 성찰적 개인의 특징적인 관계 맺기 방식이라고 할 수 있다.

영화, 연애를 말하다

담론을 품은 영화

대개의 경우 장르 영화는 지배 이데올로기를 반영한다. 가령 할리우드의 고전적 서부극은 아메리칸 드림의 이상과 강인한 모험가로 표방되는 남성성에 대한 신화를 떠받치고 있다. 흥미로운 점은 장르와 장르가 혼합되는 과정에 있다. 이때 필연적으로 어떤 균열이나 새로운 요소가 생겨나기 마련인데 이는 지배 이데올로기를 전복하는 효과를 만든다.[6]

　　우리는 사랑을 주 무대로 하고 있으니 로맨스를 사례로 들겠다. 로맨스를 빼고는 한국 영화를 논할 수 없다는 우스갯소리처럼 로맨스는 장르에 구애받지 않고 다양한 내러티브와 결합한다. 장르 혼합으로 새로이 탄생한 로맨틱 코미디 장르는 새로운 가치관을 생산한다. 멜로드라마가 여주인공을 중심으로 사랑과 결혼, 운명적 고난과 가부장 구조 속 희생을 노래한다면 로맨틱 코미디는 사랑 이야기를 코믹하게 다뤄 기존의 멜로드라마가 가진 관습을 조롱하며 기존의 이데올로기에 균열을 가한다. 균열 사이로 우리는 복잡다단한 현실을 마주하고 그 안의 모순을 발견하기도 한다.

　　21세기 고전과도 같은 2011년 로맨틱 코미디 영화 〈브리짓 존스의 일기Bridget Jones' diary〉의 한 장면을 떠올려 보자. 브리짓(르네 젤위거 분)은 짧은 치마를 입고 출근했다가 매력적인 상사인 다니엘(휴 그랜트 분)에게 성희롱에 가까운 은밀한

메일을 받게 된다. 브리짓은 불쾌함을 담은 답장을 보냈고, 자신의 당당한 대처에 만족한다. "난 이제 그만 유혹당할 거야!" 코미디는 여기서부터. 다음 장면에서 브리짓은 전보다 짧은 치마와 브래지어가 비치는 옷을 입고 다니엘의 사무실 앞을 보란 듯이 지나간다. 또 다시 날아온 다니엘의 음탕한 메시지에 브리짓은 "속뜻을 너무 깊이 생각하지 말자"고 다짐한다. 그러나 관객은 이내 행복한 표정으로 웨딩드레스를 입고 다니엘과 결혼하는 자신을 상상하는 브리짓을 목격한다. 남성의 유혹에 김칫국부터 마시고 있는 브리짓의 상상을 통해 결혼 적령기 여성에게 "Be yourself(네 자신이 되라)!"라는 페미니즘 구호가 얼마나 무력한지 느낄 수 있다. 아쉬움은 남지만, 얄팍한 남성의 치근덕거림에 쉽게 흔들리지 않겠다고 다짐하는 브리짓의 내레이션에서 기존 멜로드라마 속 여성과는 다른 주체적인 여성을 발견할 수 있다.

한국의 로맨틱 코미디 영화는 20세기 초반의 비극적 근대사가 마무리될 즈음 희극 영화의 한 형태로 처음 등장했다.[7] 동시대 청춘들이 능동적 연애 주체가 되어 관계를 맺는 방식을 재현한다는 점에서 로맨틱 코미디 영화는 과거 연인들의 연애 양상을 살펴볼 좋은 사료가 된다. 신자유주의 시대의 연애를 탐구하기에 앞서 시대별 영화 속 연애를 들여다보려는 이유다.

1950년대 ; "연애결혼도, 중매결혼도 아닌 것"

안나 : 숙녀의 의사를 물어보지도 않고 마구 덤비는 거 보니
마음이 불순한 증거예요. 빠이빠이.

영화 〈여사장〉(1959)

1950년대 한국 사회는 식민지와 전쟁의 아픔을 딛고 새로운
출발을 모색하고 있었다. 서구 민주주의와 자본주의가 유입
되면서 근대화가 가속화되었고, 일상생활의 풍속도 급변했다.
50년대 명동의 풍경을 담은 사진을 보면 신식 양장 차림에 하
이힐을 신은 여성과 저고리 차림의 여성이 대비된다. 전통 생
활 방식이 남아 있는 가운데, 서구 문물이 급속히 들어오고 있
었다. 50년대는 전근대적 풍속과 근대화된 풍속이 혼재하던
시절이었다. 서구 열풍은 로맨틱 코미디 영화에도 불어왔다.
남녀가 처음 만나 어떤 계기로 서로를 오해하다 훗날 상대의
진면목을 알아보고 사랑에 빠진다는 플롯은 전형적인 할리우
드식 로맨틱 코미디다.

영화 〈여사장〉은 잡지사 사장인 안나(조미령 분)가 공
중전화 부스에서 용호(이수련 분)와 실랑이를 벌이며 발단 단
계에 접어든다. 용호가 안나의 잡지사에 신입 기자로 들어와
재회하며 둘 사이에 사건이 벌어지기 시작하는데, 성격 차이

김미선, 《명동 아가씨》 수록 사진, 마음산책, 2012.

로 갈등을 거듭하다 점차 서로의 매력을 발견하고 사랑에 빠져 결혼에 이르는 내용이다. 안나와 용호가 연인으로 발전하는 과정은 현대 로맨틱 코미디 문법과 크게 다르지 않다. 두 사람은 각자의 의견과 취향으로 충돌하지만 상대방을 통해 자신을 돌아보게 되며, 상대의 세계에 들어서는 법을 깨닫게 된다.

　　로맨틱 코미디 영화 속 여성 캐릭터의 전형이 된 안나는 '모던 걸'이다. 극 중 안나의 직업인 잡지사 사장은 안나가 진보적 성격의 캐릭터임을 짐작케 한다. 사무실에 '여존남비女尊男卑'라는 표구를 걸어 놓고 남자 직원들을 거느리는가 하면 깔끔하고 세련된 양장 차림과 화장법에 귀걸이, 팔찌, 헤어밴드, 레이스 장갑 등으로 한껏 도시 여성의 면모를 뽐낸다. 업무를 지시하거나 용호와 말싸움을 하는 동안에도 똑 부러지는 말투를 유지한다. 애완견을 기르고 골프장에 다니고 스테이크를 먹는 등 라이프 스타일에 있어서도 일정한 격식과 교양을 갖추고 있다. 코미디물이었기에 가능한 상상이었는지 모르지만, 당시 여성 관객들은 이런 설정을 통해 잠시나마 주체적 존재가 될 기회를 얻었다.

〈청춘쌍곡선〉(1956), 〈자유결혼〉(1958), 〈청춘배달〉(1959) 등에서도 유사한 여성 캐릭터들이 등장한다. 경제적으로 풍요로운 집안에서 고등 교육을 받았으며, 구김 없이 자라 밝고 명랑하며 부모와도 격의 없이 지낸다. 자신의 의견을 개진하는 데 거리낌이 없어, 남주인공에게도 솔직하게 마음을 표현하며 로맨스 관계를 주도한다. 남성 캐릭터들 역시 유순하고 젠틀한 성향을 보여 주며 여성에 대한 존중을 표한다. 서구의 레이디lady와 젠틀맨gentleman이 한국 로맨스의 주체로 유입되기 시작했다.

안나 : 저예요. 오늘 별일 없으면 일찍 들어오세요. 당신이 좋아하는 생선찌개를 맛있게 끓여 놨어요. 네? 10만 부나요? 어머, 모두가 당신의 수완이죠. 10만 부도 좋지만 일찍 들어오셔야 해요.

영화 〈여사장〉

영화 〈여사장〉에서 여존남비 표구가 안나와 용호가 결혼한 후 남존여비로 바뀌었다.

한계는 분명 존재했다. 서사의 전개 과정과 캐릭터를 통해 전복했던 가부장주의는 결말에서 완전히 회복된다. 안나와 용호가 결혼하면서 안나는 전업주부가 되고 용호가 잡지사 운영을 맡는다. 사무실의 '여존남비'는 '남존여비男尊女卑'로 바뀌어 걸려 있다. 〈여사장〉의 마지막 장면 속 용호는 사장 자리에 앉아 전화를 받고 있다. 반면 안나는 집에서 한복을 입고 앉아 용호와 통화를 하고 있다. 아늑한 집, 남편의 안부를 기다리는 전화기 옆, 뜨개질을 하며 앉아 있는 소파. 안나의 최종 근거지다. 남녀의 로맨스는 결국 말괄량이 길들이기로 끝난다. 여성은 주장을 굽히는 법을 배우고 유순해진다. 고등 교육을 받아 경제적 활동을 할 여력이 충분함에도 불구하고 여주인공은 현모양처 지위를 갖고 경제적 주체성을 잃는다. 여전히 근대적 젠더 분업 체계와 가부장 질서 유지가 친밀성 영역의 정상화 상태였던 시기다.

50년대 다른 영화들도 마찬가지다. 전통 사회에서 가족은 가부장제를 재생산하는 역할을 한다. 〈청춘쌍곡선〉과 〈3인의 신부〉(1959)에 등장하는 주인공 형제는 각자의 신붓감을 찾아 어머니께 인사시키는 결말을 통해 화목한 가족을 완성한다. 남성에게 연애는 자신의 부모를 봉양하고 대를 이어 줄 훌륭한 신붓감을 찾는 과정이다. 전통적인 가족의 가치와 가부장의 계보를 유지할 때 연애는 성공적이라 말할 수 있다.

명희 : 도대체 아버지는 뭘 주장하시는 거예요?

아버지 : 연애결혼도, 중매결혼도 아닌 것.

…(중략)…

아버지 : 즉, 결혼 적령기가 된 자녀를 둔 부모는 먼저 적당한 후보자를 선택한단 말이야. 그러면 젊은이들이 일시적인 연애 감정에 사로잡혀서 상대방을 택하는 것보다는 위험성이 덜하거든. 왜냐하면 부모들은 결혼에 대해서 경험자니까. 말하자면 이게 중매의 과정이란 말이야.

명희 : 그러곤 그들을 교제시킨단 말이죠?

아버지 : 그렇지. 그들이 교제해서 서로 사랑하고 이해하게 두

는 동안이 말하자면 연애의 과정이지.

명희 : 결국 연애를 중매하는 셈이군요. 결혼을 중매하는 게
아니라.

아버지 : 오, 참 그렇구나. 연애를 중매하는 셈이야. 어때, 내
이론이? 진보적이지?

명희 : 초진보적이죠.

영화 〈자유결혼〉

　50년대 연애는 자유연애 사상과 가부장제 경합 구조에
서 적절한 타협점을 찾아 나가던 중이었다. 연애를 서로 이해
하고 사랑을 키워 가는 하나의 과정으로 인식하고 그 과정을
연애 당사자 간 사적 영역으로 존중하려는 초진보적 의식이
발견되기도 했지만 한계는 뚜렷했다. 연애의 종착지는 결혼
이어야만 했다. 50년대 자유연애는 자유 결혼과 같은 의미를
지닌다. 〈자유결혼〉의 한 대목처럼 전통 사회 풍습과 마찬가
지로 결혼은 가족의 중매가 전제된다. 50년대 로맨틱 코미디
영화는 자유연애라는 사상이 전반적으로 공유되고는 있지만
가부장제 구조 밖으로 벗어나지는 못했다. 그럼에도 전통적
윤리와 새로운 가치 사이를 오가며 발랄하고 유쾌한 연애를
보여 주며 사회의 표상이 되었다.

1960년대 ; "오늘 우리 랑데부의 플랜은 어떻게 되죠?"

내레이션 : 여기는 서울 한복판에 자리 잡은 챰스쿨. 챰은 영어로 매력이요, 스쿨은 학교니까 말하자면 매력 학교라고나 할까? 아가씨들에게 멋 내는 방법을 배워주는 학교지요.

영화 〈연애졸업반〉(1964)

여성들은 '챰스쿨'에서 화장하는 법, 서고 앉을 때 포즈, 옷맵시 등 자신의 신체를 가꾸고 통제하는 법을 배운다. 챰스쿨은 키스의 종류와 방법까지도 가르친다. 〈연애졸업반〉의 여주인공 신자(엄앵란 분)는 부유한 집안에서 자란 밝고 사랑스러운 여대생이다. 신자는 남주인공 웅기(신성일 분)의 마음을 얻기 위해 자신의 마음을 적극적으로 표현할 뿐만 아니라, 웅기의 주변에 있는 여성들을 쫓아내기 위해 짓궂은 행동도 마다하지 않는다. 신자의 라이벌인 소미(최지희 분)는 매사에 당당한 여성 파일럿이다. 소미는 웅기를 좋아하면서도 "결혼이 인간 생활에 절대적으로 필요한 조건은 못되지 않아요?"라고 묻는다.

1960년대는 '장르 영화의 시기'라 불릴 정도로 장르 영화가 발전하면서 로맨스 소재를 다루는 방식에 있어서도 장르적 특성이 두드러지기 시작했다. 기본 플롯은 남녀의 만남으로 시작해 오해와 갈등을 거쳐 행복한 결말을 맺는 전형적 구조를 띤다. 그러면서도 진보적 연애관을 가진 보다 발랄한 청춘들의 감정을 보여 준다.

〈연애졸업반〉의 신자가 그랬듯 60년대 로맨틱 코미디 영화는 매력적이고 당당한 여주인공을 내세워 여성이 자신의 상대를 능동적으로 선택하고 사랑을 쟁취하고자 노력하는 진보적인 보습을 보여 준다. 〈특급결혼작전〉(1966)의 윤정(태현실 분)에게도 진보적 사고가 드러난다. 주관이 뚜렷한 의대생 윤정은 막대한 유산을 물려받는다. 이를 탐낸 의사와 변호사는 윤정과 결혼하겠다고 나선다. 둘을 저울질하던 윤정이 최종 연애 상대로 택한 상대는 둘 중 누구도 아닌 가난한 권투 선수 석훈(남석훈 분)이다. 집안 배경이 아닌 순수한 마음으로 다가오는 석훈의 진정성을 알아보고 그를 자신의 짝으로 선택하는 과감하고 현명한 모습을 보여 준다. 자신에게 다가오는 탐욕스러운 두 남성을 꼼꼼히 따져 보는 윤정의 모습에서 진보적 여성의 연애상을 발견할 수 있다.

남성 캐릭터 역시 전통적 남성의 이미지와는 거리가 멀다. 성 변장gender disguise 시리즈인 〈남자 미용사〉(1968), 〈남자 식모〉(1968), 〈남자와 기생〉(1968)의 남주인공은 각각 미용사, 식모, 기생 등 전통적으로 남성적이지 않은 섬세한 노동을 통해 여성의 성 역할을 수행하게 된다. 역할 바꾸기는 남성이 여성의 마음을 이해하게 되는 계기로 작용한다. 남녀 주인공은 서로에 대한 공감을 바탕으로 평등한 관계에서 로맨스를 시작한다. 가부장제 사회에서는 상상할 수 없는 일이었다.

신문물은 60년대 로맨틱 코미디 영화 속 로맨스 환상을 배가한다. 로맨스 주체는 서구에서 도입된 문화를 적극 향유하는 세련된 모습을 뽐낸다. "새로 나온 잡지 안 보셨나 봐요? 금년도 스타일은 라그랑으로 되돌아왔어요." 챰스쿨에서 공부한 신자 역시 세련되고 교양 있는 여성임을 부각하는 차림새와 말투를 선보인다. 〈남자 미용사〉의 남주인공 형구(구봉서 분)도 프랑스에서 온 '앙드레' 행세를 하면서 다양한 미용법을 프랑스식이라고 소개한다. 엉터리 미용법이지만 여자 손님들은 프랑스식이라는 말 한마디에 설득되어 이상한 헤어스타일을 하고 거리를 활보한다.

서구 문물을 소비하는 모습은 50년대에도 조금씩 발견되었다. 〈여사장〉에서 보였던 안나의 라이프 스타일이나 〈서울의 휴일〉(1956)의 주인공 부부가 필하모닉 오케스트라 연주회를 가며 "오늘 우리 랑데부의 플랜은 어떻게 되죠?", "당신은 너무나 에고이스트예요"라며 영어를 과도하게 사용하는 모습이 대표적이다. 이러한 경향은 서구 문화를 동경하고 소비하며 자란 세대가 관객층으로 성장하면서 보편화된 양상으로 보인다. 진보한 연애관과 신문물을 그려 내는 60년대 로맨틱 코미디 영화는 연애를 세련되고 도회적으로 여기게 한다. 소비주의적 데이트 문화를 통해 확보되는 사랑의 낭만성은 현대의 연애에도 지속된다. 60년대 영화의 한 페이지에서 현대 연애 정경의 뿌리를 찾아볼 수 있다.

1970~80년대 ; "목숨 걸고 순정 바치는 것!"

> 철수 : 차 안에 계신 신사 숙녀 여러분, 조용한 차내에서 잠시 실례의 말씀을 드리겠습니다. 본 좌석에서는 국산품 남자 하나를 갖고 여러분을 모시겠습니다. 저로 말할 것 같으면, 한강대 신방과 2학년 되겠사오며 신체 건강한 숫총각으로 외로운 남자 되겠습니다. 간단히 특징을 말씀드리면 종전의 물건과는 달리 여자친구의 말이라면 목숨 걸고 순정 바치는 것 되겠습니다. 끝으로 가격을 말씀드리자면… 커피 한 잔에 사십시오.
>
> 영화 〈미미와 철수의 청춘 스케치〉(1987)

1970~80년대 로맨틱 코미디 영화 속 남주인공의 구애는 유쾌하고 직설적이며, 순수하고 투명하기까지 하다. 〈모모는 철부지〉(1980)의 모모(전영록 분)는 말자(이미숙 분)를 향한 자신의 마음을 증명하기 위해 바다에 뛰어들겠다고 하거나 대학가요제에 나가 공개적으로 자신의 마음을 전달한다. 〈기쁜 우리 젊은 날〉(1987)의 영민(안성기 분)은 대학 시절 혜린(황신혜

분)을 처음 짝사랑하기 시작해 수년에 걸친 구애 끝에 그녀의 마음을 얻는다. 늘 열정과 패기가 넘치는 남자 주인공의 열렬한 사랑은 이 시대 청춘 드라마의 표상과도 같다.

연애는 청춘의 성장을 담고 있다. 연애 서사와 인물들의 성장 서사는 평행하게 진행된다. 〈고교얄개〉(1977)의 두수는 면도기를 사용하며 빨리 어른이 되기를 바란다. 〈진짜 진짜〉 시리즈(1976~77)의 소년·소녀들은 얼른 어른이 되고 싶다고 말하며 연애를 어른이 되는 하나의 방법처럼 생각한다. 미래를 꿈꾸는 장면도 심심찮게 찾아볼 수 있다. 〈바보들의 행진〉(1975)과 〈병태와 영자〉(1979)에서 등장인물들은 어떤 희망을 안고 사느냐는 물음에 "갈매기의 꿈"이라고 답한다. 그들에게 꿈은 어떠한 형태인지, 무슨 의미를 지녔는지 구체적으로 정해져 있지는 않지만 마음속에 꿈틀대는 희망과 성장을 담은 메타포metaphor라고 할 수 있다.

로맨틱 코미디 영화라고는 하지만 영화 속 주인공의 연애 과정은 다른 시기에 비해 도드라지지 않는다. 연애보다는 주요 등장인물인 청년들의 주체성이 더욱 중시되었다. 시대적 배경이 그 이유를 말해 준다. 70~80년대는 억압과 번민의 시대였다. 1972년 유신헌법이 제정되었고, 1979년 드디어 장기 독재 정권이 막을 내리는가 했더니 신군부 정권이 들어섰다. 문화·예술 검열이 작금의 블랙리스트보다 엄격한 시대였던 만큼 영화는 창조성을 충분히 발휘하지 못했다. 사회적 발언이나 역사의식을 드러내기도 어려웠다. 그럼에도 암울한 시대상은 영화에 반영되었다. 로맨틱 코미디 영화는 두 남녀의 우정과 연애를 기본적으로 다루지만, 비극적 요소가 빠지지 않는다. 〈바보들의 행진〉에서는 주인공 남녀와 함께 어울려 다니던 친구가 권태와 우울을 견디지 못하고 자살하는가 하면, 〈진짜 진짜 잊지마〉와 〈기쁜 우리 젊은 날〉은 여주인공의 죽음으로 결말을 맺는다.

그러나 영화는 패배와 좌절감이 아닌 들끓는 청춘의 마음을 노래한다. 침체된 사회 분위기에도 불구하고 인물들은 사회가 요구하는 규범과 기준에 맞추기를 거부하며 자신의 주관대로 힘차게 살아간다. 하이틴 영화 주인공들은 사고뭉치, 말괄량이로 통하며 늘 유쾌하고 힘이 넘친다. 청춘 영화 속 대학생들은 조금 더 진지한 청춘의 모습을 재현하면서 자신의 고민과 꿈을 토로한다. 검열의 압박으로 명확히 표현하지는 못하지만 자신들을 옥죄는 답답한 사회 체제에 대해 영화는 어렴풋이 불만을 드러낸다.

순수와 저항의 주체로 표상되는 70~80년대 청년상을 '달리는 청춘'으로 부르려 한다. 영화 〈바보들의 행진〉은 도입부에 배경 음악으로 송창식의 〈왜 불러〉를 삽입하며 청년들이 경찰에게서 도망치는 장면을 그린다. '한국적 스트리킹

streaking'이라고 부르는 이 행위는 억압된 현실에서 자유를 느끼려는 청춘의 몸짓으로 보인다. 후속작 〈병태와 영자〉에서도 군복을 입은 병태(손정환 분)와 면회 온 영자(이영옥 분)가 깔깔 웃으며 활기차게 행진하는 모습이 인상적이다.

연애 서사 역시 다른 시기보다 열정적이다. 〈바보들의 행진〉의 병태는 친구가 죽고 자신의 미래도 보이지 않는 상황에서 입대를 결정한다. 열차를 타고 떠나는 병태에게 영자가 달려온다. 영자는 자신을 떼어 놓으려는 헌병을 뿌리치고 기차에 매달려 병태와 입을 맞춘다. 비록 로맨스 서사는 시대의 암울한 정서에 가로막힌 듯 보이지만, 그들의 간절하고 뜨거운 입맞춤은 희망찬 로맨스를 완성한다.

청년들에게 연애는 자신이 처한 현실의 부조리에서 벗어나거나 속박을 이겨 내기 위한 수단이다. 청춘 영화의 대학생들은 연인의 손을 움켜잡고 답답한 사회적 현실을 견디어 낸다. 현실의 제약에 굴하지 않고 자신의 사랑을 표현하고 약속하는 청년들. 그리고 당장은 가진 것이 없지만 미래에 대한 꿈을 키워 가는 청년들의 모습. 그들에게 연애는 기성세대와 사회에 대항해 자신들의 열정과 순수를 표출하는 하나의 방식이었다. 일말의 비애가 존재하더라도 그 끝에는 로맨스에 대한 무한한 낙관이 존재했다. 굳이 두 다리로 달리지 않더라도 이들의 뜨거운 마음만으로도 '달리는 청춘'이라 할 수 있다.

1990년대 : "왜 사랑이란 이름으로 구속을 당해야 하니?"

창 : 왜 내가 인생을 즐기는 데 죄책감을 느껴야 하며 사랑이
란 이름으로 구속을 당해야 하니? 내가 널 속였니? 이니 내가
널 착취를 했니? 우린 공평했잖아?

은 : 우리가 왜 같이 있는 거야? 우리는 엄연히 벽을 사이에
두고 각자의 방도 따로 있고, 각자의 세계도 따로 있고, 생활
도 따로 있고, 근데 마치 우리가 하나인 것 같이 살아야 돼?

영화 〈그 여자, 그 남자〉(1993)

문민정부가 수립되면서 사회 정치적으로 커다란 변화가 일어
났다. 민주화의 도래와 더불어 자유롭고 다원화된 사회 분위
기가 조성되었다. 그 안에서 탄생한 1990년대 청년들을 우리
는 '신세대'라고 부른다. 신세대는 물질적 풍요와 매스 미디
어 영향 속에서 자라난 청년들이다. 권위주의적 제도에 반발
하며 개성을 내세운 신세대는 새 시대의 분위기를 대표하는
문화 정체성이었다. 신세대 문화 정서는 로맨틱 코미디에도
반영되었다. '만남-갈등-결합'의 큰 플롯 구조가 유지되는 가
운데 다양한 이야기의 변주가 나타났다. 90년대 개인은 서구
사상의 완전한 정착으로 개인주의 의식을 갖게 되었다. 이러

한 의식을 바탕으로 한 남녀의 갈등 양상과 개방적 성 의식은 90년대 로맨틱 코미디 영화의 두드러진 특징이다.

〈그 여자, 그 남자〉는 90년대 로맨틱 코미디의 새로운 경향을 보여 주는 대표적 영화다. 자유로운 생활과 연인 관계를 지향하던 주인공 창(이경영 역)과 은(강수연 역)은 옆집에 살며 처음 서로의 존재를 알게 된다. 둘은 우연한 계기로 잠자리를 갖는다. 창과 은은 민망함에 '즐거운 게임'이었다느니 '화대를 지불하겠다'는 등 잠자리를 가볍게 여기는 척 연기를 하다 급기야는 서로를 미워하게 된다. 하지만 몇몇 사건을 계기로 두 사람은 연인 사이로 발전하게 된다. 갈등은 연애 후에도 이어진다. 사랑하는 마음은 애틋하지만 서로의 존재가 개인의 독립성을 제한한다고 느끼며 매번 갈등이 발생한다. 신세대의 특징인 자유분방한 성격이 서로를 감당하지 못하고 갉아먹어 버린 셈이다. 영화는 창과 은이 재회해 연인 사이로 돌아가며 결말을 맞이하지만, 우리는 갈등이 반복되는 장면을 통해 각기 다른 개성을 가진 개인이 만나 이루어지는 관계에는 지속적인 타협이 필요하다는 점을 알 수 있다. 뚜렷한 주관과 취향, 강한 독립성을 지닌 신세대에게 연애는 끊임없는 자기 표출과 갈등, 타협의 과정이다.

"아저씨 좆도 나만 해." 90년대 로맨틱 코미디는 개방된 성 의식을 바탕으로 성적 유희를 웃음 코드로 활용한다. 〈아찌 아빠〉(1995)에서 미성년자 여주인공이 남성의 성기를 가리키는 비속어를 서슴지 않고 사용하고, 〈닥터 봉〉(1995)에서 남자가 오이를 사고 있는 여자에게 "그걸 먹기만 하나? 또 다른 데는 사용 안하나?"라고 놀리기까지 한다. 성별을 가리지 않는 대담한 발언은 매우 진보적이고 세련된 행동으로 치부되었다. 수위 높은 스킨십과 베드신도 빠지지 않고 영화의 한 장면을 차지한다. 〈맥주가 애인보다 좋은 7가지 이유〉(1996)에서 남주인공의 성 경험 일곱 번이 서사의 중심이 되며, 애인은 성적 욕망의 대상으로 환원된다. 90년대부터 섹슈얼리티는 로맨스의 당연한 전제가 되기 시작했다.

직업적 특징도 두드러진다. 기자, PD, 의사, 경찰, 향수 감별사, 속옷 디자이너, 사진작가 등 90년대 영화 등장인물들은 주로 대기업 사원이거나 전문직에 종사한다. 바쁘고 화려한 삶을 살아가는 도시 남녀의 전형을 보여 주는 인물들의 성격 역시 톡톡 튀는 신세대다. 여주인공은 보통 독립적이고 당찬 모습으로 표현되는데, 직업 세계에서도 남성에 밀리지 않는 프로다운 면모를 보인다. 때로는 기가 세고 독한 모습 때문에 남성들이 멀리하거나 남주인공마저도 회피하는 장면이 묘사되기도 한다. 그에 반해 남주인공들은 자유롭고 직설적이다. 능청스레 허세를 부리는가 하면 자유로운 연애와 성관계를 지향하며 능글맞고 유쾌한 태도로 카사노바 기질을 보이기도 한다.

90년대 영화 속 연인들은 대체적으로 세련되고 유쾌한 연애를 한다. 이른바 '쿨한 관계'다. 연인에게 헌신하거나 의존하는 모습을 보이지 않고, 자신만의 뚜렷한 주관을 고집한다. 영화에서 그려지는 도시 남녀는 일과 사랑에서 모두 성공한다. 연인 사이로 발전하는 과정은 개인주의적 성향으로 인해 끝없는 싸움을 동반하지만 마침내 서로를 이해하고 타협하며 행복한 결말을 맞는다. 이전과 달리 연애 과정에 가족의 간섭이나 옛 연인의 등장, 공적 영역의 실패와 같은 외부 요소는 더 이상 장애물로 개입하지 않는다. 이 시대 연인들의 연애에는 오직 개인의 자아 성장을 완성하는 여정과 쾌락적 탐구 과정만이 있다.

2000~2007년 ; "내 여자친구를 소개합니다"

견우 : 여자다운 걸 요구하지 마세요. 술은 세 잔 이상 먹이지 마세요. 아무나 패거든요. 카페에 가면 콜라나 주스 마시지 말고 꼭 커피 드세요. 스쿼시나 검도, 수영은 배워 두시는 게 좋아요. 만난 지 100일째 되는 날, 장미꽃 한 송이를 들고 그녀의 학교 강의실로 찾아보세요. 되게 좋아하거든요. 그녀가 때리면 아파도 안 아픈 척, 안 아파도 아픈 척하는 것을 좋아해요.

유치장에 몇 번 들어갈 각오는 하셔야 돼요. 가끔 죽인다고 협박하면 진짜 죽는다고 생각하시면 되고요. 가끔 다리가 아프다고 하면 신발을 바꿔서 신어 주세요. 그녀가 글 쓰는 걸 좋아하거든요. 쓴 글 읽으면서 칭찬 많이 해주세요.

영화 〈엽기적인 그녀〉(2001)

"I believe" 단 한 소절만으로도 어떤 영화의 무슨 장면인지 알 수 있는 음악이 있다. 남주인공이 여주인공의 소개팅 상대에게 그녀를 소개해 주는 장면은 2000년대를 살아온 세대라면 누구나 알 법한 영화 속 한 장면이다. 한국 로맨틱 코미디 영화의 정수로 일컬어지는 〈엽기적인 그녀〉는 남주인공 견우(차태현 분)가 지하철에서 그녀(전지현 분)와 불쾌한 첫 만남을 갖는 데서 시작한다. 얼떨결에 연인이 된 두 사람은 보통의 연인들과는 다른 데이트를 한다. 구두를 신어 발이 아픈 그녀를 위해 자신의 운동화를 내어 주고 맞지 않는 구두를 신은 채 엉거주춤 따라가는 장면과 교복을 입고 주민등록증을 내밀며 당당히 클럽에 입성하는 장면, 지하철에서 뺨 때리기 내기를 하는 장면 등은 실제로 많은 연인들이 모방하기도 했다. 2000년대 이전의 영화가 데이트 과정보다는 남녀의 감정에 집중했다면, 2000년대 초반부터는 연애의 디테일에 집중하기 시작했다.

〈엽기적인 그녀〉 속 견우가 그녀의 강의실에 찾아가 장미꽃 전달 이벤트를 하는 장면

주인공이 친구와 동료에게 연인을 소개하거나 주위의 부러움을 사고 인정받는 장면이 빠지지 않고 등장하는 점은 눈여겨볼 만하다. 〈엽기적인 그녀〉에서 견우는 그녀의 강의실에 찾아가 장미꽃을 전달하는 이벤트를 하고, 〈첫사랑 사수 궐기대회〉(2003)의 태일(차태현 분)은 전교생이 지나다니는 길 앞에서 확성기를 들고 일매(손예진 분)에게 사랑 고백을 한다. 〈내 여자친구를 소개합니다〉(2004)에서는 여주인공인 경진(전지현 분)이 명우(장혁 분)가 수업하는 교실로 찾아가 여학생들에게 "선생님은 언니 남자친구니까 건들면 언니가 죽여 버릴 거예요"라고 선언한다. 주변인들의 환호성이 쏟아지는 장면은 필연적이다. 과거 연애가 두 사람만의 사적 영역에

속했다면 2000년대부터는 공적 장소로 나와 주변인들에 의해 관찰된다. 특히 잘생긴 남주인공이 공개적으로 사랑 고백을 하고 여주인공의 친구들 앞에서 경제력을 발휘하는 장면은 여성 관객의 로맨스 판타지가 되었다. 연애는 둘만의 내밀한 영역에서 벗어나, 보여 주고 자랑하고 인정받고 싶은 요소가 되어 가고 있었다.

남녀 간의 다툼은 2000년대에도 영화 전개의 주요한 동력이 된다. 이전과 다른 양상이 있다면 시대별 캐릭터들의 성격 차이다. 90년대 영화 캐릭터들이 전반적으로 당차고 독립적인 성격 때문에 갈등을 빚었다면, 2000년대 캐릭터들은 저마다의 뚜렷한 개성이 갈등의 주원인이다. 〈엽기적인 그녀〉는 제목 그대로 그녀가 남주인공을 대하는 거친 방식과 엽기적인 행각이 문제가 되어 남녀 주인공이 갈등을 겪는다. 〈내 사랑 싸가지〉(2004)의 형준(김재원 분)도 제목처럼 거칠고 싸가지 없는 남자친구로 묘사되고, 〈B형 남자친구〉(2005)의 영빈(이동건 분) 역시 흔히 B형 남자가 가지고 있다고 생각되는 성격의 장단점을 재현한다. 코미디 효과를 위해 극단화된 캐릭터들이지만 이런 극단적 장치는 동시대 관객들의 공감을 샀다.

우리는 연인의 모든 면을 안다고 생각하지만 종종 극복할 수 없는 '나'와의 차이점을 발견하곤 한다. 90년대 이후 젊은 세대는 자아를 중요시하며 개성과 취향을 섬세하게 발달시켜 왔다. "네가 진짜로 원하는 게 뭐야"라고 외치는 2000년대 초반의 어느 광고처럼 '나다움'을 찾는 것이 젊은 세대의 과제가 되었다. 저만의 방식으로 자신다움을 추구해 온 두 사람이 만났을 때, 두 개성 간 타협은 쉽지 않다. 90년대와 마찬가지로 2000년대 연애는 특수한 속성을 지닌 두 개인이 만나 연인 관계를 맺으며 자아와 타자 간 끊임없이 갈등하고 합의하는 과정이라는 점을 강조한다.

90년대와 다른 점도 당연히 존재한다. 좋은 집에 사는 고연봉의 전문직 종사자와 같은 화려한 캐릭터보다는 사회·경제적 지위가 높지 않은 평범한 사람들이 늘어났다. 70~80년대 영화처럼 학생이 중심이 되는 영화도 종종 보인다. 이러한 변화는 90년대 후반 〈미술관 옆 동물원〉(1998), 〈해가 서쪽에서 뜬다면〉(1998)과 같은 영화들에서 발견되어 2000년대로 자연스레 이어진다. 특히 〈색즉시공〉(2002)과 〈색즉시공 2〉(2007)의 캐릭터는 초라하기까지 하다. 남주인공인 은식(임창정 분)은 내세울 것 없는 늙다리 대학생으로 하루하루를 무의미하게 보낸다. 차력 동아리에 소속되어 자학적인 몸 개그를 선보이거나 남이 먹다만 더러운 음식을 먹으며 지질하고 엽기적인 모습을 보여준다. 로맨틱 코미디 장르라면 흔히 기대하게 되는 '백마 탄 왕자'격의 남주인공이 아닌 소시민에 가까운 캐릭터는 기존 로맨스가 갖고 있던 세련되고 화려한 이미지를 조금씩 벗겨 낸다.

2000년대 초반의 영화는 신자유주의 시대 연애의 전조가 발견된다는 점에서 주요한 가치를 지닌다. 인물이 가진 구체적인 성격과 특수성이 연애 관계에서 중요한 부분으로 부각되는 경향은 2008년 이후 로맨틱 코미디 영화에서 한층 강화된다. 연애가 둘만의 개인적 문제로 국한되어 있던 90년대와 달리 남들에게 자랑하고 보여 주는 연애 형태 또한 2008년 이후 연애에 적극 반영된다. 2000년대 초반 영화는 90년대 신세대의 연애와 2008년 이후 신자유주의 시대 연애 사이의 징검다리를 제공한다는 점에서 주목할 만하다.

연애 시장

내레이션 : 열심히 우직하게 살다 보니 어느새 성공하게 되었다는 세상은 20세기 때 벌써 문 닫았어. 세상이 아무리 바뀌어도 변하지 않는 건 세상의 반은 남자라는 사실. 쓸데없는 밥그릇 싸움은 바보들이나 하는 거고 남자들을 현명하게 사용하는 방법이 이 비디오 안에 있다는 거지.

영화 〈남자사용설명서〉(2012)

〈남자사용설명서〉의 여주인공 보나(이시영 역)는 일을 하느라 자신을 가꿀 줄도 모르고 연애도 할 줄 모른다. 보나는 어느 날 묘령의 남성에게 '남자사용설명서'라는 비디오테이프를 구입하게 된다.

싸움의 기술은 전략에 있다. 다윗이 2미터 70센티미터나 되는 골리앗을 쓰러뜨릴 수 있었던 기저에는 철저한 전략이 깔려 있었다. 신자유주의 시대의 개인이 치열한 경쟁을 통해 커리어를 가꾸고 성취해야 하는 상황처럼 남녀 관계도 일종의 '밥그릇 싸움'이 필요하다. 효율적이고 전략적인 구애의 방식만이 소모적 싸움이 아닌 연애의 골문으로 들어갈 수 있는 길이 된다. 앞서 루만은 현대 사회의 인간관계가 인격적 관계와 비인격적 관계로 이분되었다고 했지만, 이제 개인은 인격적 관계 안에서도 경제적 인간의 면모를 발휘해야 한다. 인격적 관계와 비인격적 관계 간의 경계는 모호해졌다.

친밀성의 영역에 경제 논리가 동반되는 현상은 그다지 새롭지도, 놀랍지도 않은 사실이다. 이미 오래전부터 '결혼 시장'이나 '선 시장'이라는 말이 통용되어 왔다. 물론 현대와 전통 사회에서 쓰이는 결혼 시장의 의미에는 차이가 있다. 전통 사회에서 혼인은 철저한 사회적 규범 아래 집안 간 이루어지는 거래로 여겨졌다. 결혼은 인륜대사로 반상 구별이나 남녀유별처럼 전통 사회의 규범적 틀 내에서 이루어져야 하는 거래였다. 그러나 현대의 개인은 자신의 사랑을 선택하는 데 더 이상 공동체의 도덕이나 사회 규범에 속박되지 않는다.

헝가리 경제학자 칼 폴라니Karl Polanyi는 사회와 도덕의 규범적인 틀에서 경제 활동이 떨어져 나오면서 자본주의 시장에 '거대한 전환'이 일어났다고 말한다. 시장은 도덕적 규범과 동떨어진 별도의 규칙에 따라 작동했고, 사람들이 시장 논리에 맞추어 살게 되면서 사회가 경제에 예속되고 말았다. 결혼 시장에도 거대한 전환이 발생했다. 신자유주의 시대의 결혼 시장은 과거처럼 사회 규범에 따른 집안 간 거래를 의미하지 않는다. 도덕적이고 사회적인 조직에서 떨어져 나와 별도의 규칙을 지닌 거대 시장을 현대의 결혼 시장이라고 말한다.

준수 : 내 생각에는 연애에도 윤리란 게 있는 거야. 이건 쿨한 게 아니고, 막장이지! 아니, 우리 사귄 지 100일 밖에 안 됐고 이렇게 헤어지는 건 아니잖아. 너 나 사랑은 했니?

영화 〈오늘의 연애〉(2015)

거대한 전환은 결혼 시장을 넘어 연애 시장으로 자연스레 확장되었다. 연애 상대를 선택하는 일에 공동체의 가치 체계나 사회 규범이 개입할 명분은 사라졌다. 〈오늘의 연애〉에서 준수(이승기 분)는 연인이 된 지 100일을 축하하는 기념 이벤트를 준비하던 중 연인에게 이별 통보를 받는다. 준수는 이전에도 여러 번 있었던 실연을 기억하며 항변한다. 여자들은 이런 준수를 고리타분하고 답답한 남자이자 연애 불능자로 취급한다. 연애는 도덕과 규범이 작동하는 영역이 아니라는 현시대의 인식에서 준수는 한참 뒤처져 있다.

연애 자본

보편적 윤리와 도덕이 통하지 않는 연애 시장을 움직이는 '자율적 규제'는 무엇일까. 일루즈는 현대 문화의 두드러진 특징으로 '선택'을 꼽았다. 선택은 연애에서도 중요하게 작동한다. 개인은 어떤 대상을 평가할 때 참고하는 자신만의 기준을 갖고 있다. 일루즈는 자신의 감정과 지식의 논리적 사고를 총동

원해 결정을 내리는 방식을 '선택 아키텍처choice architecture'라고 부른다. 연애 시장에서 연애 상대를 선택할 때도 당연히 개인이 가진 선택 아키텍처가 발동된다. 연애 시장을 움직이는 자율적 규제의 기준이 선택 아키텍처인 셈이다. 그렇다면 연애 주체의 선택 아키텍처에는 어떤 것이 있을까.

> 내레이션 : 외모, 능력, 육체적·정신적 에너지, 운, 유머, 건강, 희소성, 매너, 정신력, 배려, 재산, 혈통, 현명함. 모든 조건을 90프로 이상 만족하며 다목적으로 이용할 수 있는 이들을 우리는 명품이라고 합니다.
>
> 영화 〈남자사용설명서〉

시장이 자본의 논리로 경영되듯, 연애 시장은 연애 자본에 의해 운영된다. 선택 아키텍처를 구성하는 일차적 요소는 개인이 가진 속성으로 구성되는데 우리는 이를 연애 자본이라 부를 수 있다. 연애 자본은 연애 시장에서 개인의 시장 가치를 판별할 수 있는 기준이자, 개인이 연애를 위해 활용하는 투자 자본이 된다. 개인은 연애 시장에서 최적의 상품을 고르기 위한 탐색을 한다. 과거 결혼 시장에서 집안의 사회 경제적 지위가 결혼 상대의 시장 가치로 판단되었다면, 현대의 연애 시장에는 상대가 지닌 모든 자질이 고려된다. 에너지, 유머, 매너 등 양화될 수 없는 자질 역시 중요한 선택의 기준이 된다. 따라서 개인은 연애 시장에서 자신의 희소가치를 확보하기 위해 육체적·정신적으로 끊임없이 계발해 연애 자본을 투자하고 축적한다.

로맨틱 코미디 영화에서도 연애 자본에 투자하는 행위 묘사가 증가하고 있다. 특히 외모가 갖는 연애 자본력에 대한 묘사가 두드러진다. 2000년대 이전의 영화 속 주인공은 당연히 주변 인물보다 돋보이는 인물로 설정되었지만 2000년대 이후는 다르다. 〈야수와 미녀〉(2005), 〈미녀는 괴로워〉(2006), 〈뷰티 인사이드〉(2015) 등은 이성의 사랑을 쟁취하기 위해 주인공이 외모를 가꾸는 장면이 주요 모티프로 등장하거나 외모가 로맨스에 큰 영향을 미치는 조건으로 묘사된다. 특히 〈미녀는 괴로워〉는 외모 자본에 총체적 투자를 하며 벌어지는 신분 상승의 스펙터클을 보여 준다. 2000년대 이후 영화들은 외적 매력이 연애 시장에서 자기 가치를 높이는 투자 자본이라는 사실을 더욱 가시화한다.

직업도 중요한 연애 자본 중 하나다. 2000년대 후반부터 영화 속 인물들의 직업이 풍부해진다. 학생 일색이던 70~80년대 영화, 회사원이 주로 나오던 90년대 영화와 달리 〈7급 공무원〉(2009)의 국가정보원 직원, 〈청담보살〉(2009)의 무속인, 〈플랜맨〉(2014)의 도서관 사서, 그리고 〈뷰티 인사이드〉의 가구

디자이너와 같은 다양한 직종이 등장한다. 더불어 주인공이 직업을 수행하는 장면도 늘어나고 있다. 로맨틱 코미디 영화에서 주인공의 직업이 부각되는 이유는 직업이 연애에 중요한 요소로 작용하기 때문이다. 직업은 인물이 연애 시장에서 지닌 가치를 형상하며 캐릭터를 설명하는 구체적 단서가 된다.

개인의 상품화

개인이 지닌 다양한 자질이 고려된다는 말이 개인 고유성에 대한 전인적全人的 평가가 이루어진다는 의미는 아니다. 연애 자본의 투자는 획일화된 방향으로 진행된다. 각자의 개성을 계발하기보다는 대중문화에서 만들어 낸 이미지에 따라 특정한 형태로 표준화된다. '베이글녀', '과즙녀', '애완남', '뇌섹남' 등 '~녀', '~남'은 개인을 특정한 형태로 축약해 버린다. TV 프로그램은 이러한 현상을 가속화한다. 출연진에게 이상형을 물었을 때 한눈에 그려지지 않는 모호한 대답이 돌아오면 언제나 "연예인으로 치면 누구?"라는 추가 질문이 덧붙는다. 이상형 시장에서 개인의 고유성은 사라진다. 대중 미디어를 통해 '~녀', '~남' 같은 형태나 특정 연예인의 이미지가 주로 소비되며, 시청자인 우리는 그에 부합하기 위해 노력한다.

현대의 연애 시장은 마르크스가 고찰한 자본주의 원리를 도입한다. 마르크스는《자본론》에서 자본주의 기제가 표준

〈남자사용설명서〉 속 남성을 '~남'으로 분류해 상품화한 장면

화와 추상화라는 점에 주목했다. 실제로 우리는 물건이 지닌 고유 가치가 아닌 화폐나 신용이라는 기호화된 가치를 기반으로 상품을 교환한다.

　　〈남자사용설명서〉 속 한 장면은 연애의 표준화 현상을 극명하게 드러낸다. 연인 후보들이 마치 프라모델 장난감처럼 마트 상품 진열대에 전시되어 있는데, 각기 다른 특성을 강조한다. 그러나 개인의 고유 가치는 무시된 채 '개그남', '웰빙남', '애완남' 등 연애 시장의 교환 가치에 입각해 철저히 규격화된 형태다. 개개인이 지닌 속성들은 특정한 요소로 추상화되어 하나의 상품처럼 표준화된다. 그리고 사람들은 표준화된 상품에 부합하는 형태로 자기 자신을 계발해 나간다. 그래야 상품성을 인정받아 연인으로 '팔리기' 때문이다.

이상형은 명쾌하게 표준화되어 가는데, 왜 연인을 찾기는 어려워지는 것일까. 20대 후반 여성 C는 여러 명의 남성을 결혼 후보로 가늠하는 중이다. 검사인 D는 직업이 좋지만 성격이 잘 맞지 않는다. 반대로 E는 유머러스한 성격이 마음에 들지만 전문직이 아닌 점이 걸린다. F는 집안이 좋지만 종교가 맞지 않다. 이처럼 실제로 우리가 마주하는 사람들은 표준화된 상품과는 달리 예상치 못한 다양한 속성들을 지니고 있다. 현실 속 개인은 연애 시장이 약속한 표준에서 어긋나고 삐져나온 다양성을 지닌다.

〈뷰티 인사이드〉의 여주인공 이수(한효주 분)는 자고 나면 모습이 바뀌는 우진과 연애를 시작한다. 이 영화는 박서준, 이진욱, 서강준, 이동욱 등 미남 배우는 물론 다양한 개성을 지닌 배우들을 대거 캐스팅했다. 매일 새로운 매력의 연인이 나오는 개인용 자판기를 가진 셈이니 여성 C와 같은 고민을 하는 사람들에게는 더할 나위 없는 판타지일지도 모른다. 그러나 영화가 후반부에 다다를수록 이수는 자기 분열을 겪게 된다. 우진에 대해 고유한 인상을 형성할 수 없었기 때문이다. 고유성을 온전히 받아들일 수 있을 때 사랑은 이리저리 떠돌거나 분산될 필요 없이 제대로 방향을 찾을 수 있다.

섹슈얼리티의 가치

연애 자본의 가치와 활용 방식은 남녀 사이에 다르게 나타난다. 사회 통념상 남성의 사회 경제적 지위와 여성의 외적 매력은 중요한 연애 자본이 된다. 영화 속에서도 남성은 자신의 사회 경제적 처지가 낮을 때 자신의 사랑을 숨기고, 여성은 외모가 초라할 때 사랑을 숨긴다. 이런 통념에 변화가 일기 시작했다. 장기화된 불황에 따라 여성의 경제 활동이 중요해지고 남성의 외모 역시 연애 자본의 큰 부분이 되었다.

그럼에도 불구하고 섹슈얼리티를 바라보는 잣대는 여전히 남녀 간 유별하다. 〈남자사용설명서〉의 보나는 승재와 섹스를 한 후 비디오 매뉴얼에 따라 두 번째는 거절을 한다. 섹스는 마치 자본의 투자량과 시기를 결정해 전략적으로 시행되어야 하는 것으로 여겨진다. 보나의 경우에서 알 수 있듯 섹슈얼리티를 자본으로 활용하는 쪽은 대개 여성이다. 우리 사회 풍토에서 여성의 성 경험 유무는 시장 가치를 좌우하는 중요한 요소이기 때문이다.

온라인상에서 유행처럼 번지던 "잤네, 잤어"라는 표현 역시 〈남자사용설명서〉에서 승재가 보나와 다른 남자와의 관계를 의심하며 사용한 대사다. 〈6년째 연애중〉(2008), 〈시라노; 연애조작단〉(2010), 〈연애의 온도〉(2013) 등에서도 주로 남성이 여성의 사랑을 의심하는 장면에서 이와 유사한 대사가 빈번히 쓰인다.

언제나 비난받는 것은 여성의 섹슈얼리티다. 〈시라노;
연애조작단〉에서 실제로 바람을 피운 사람은 남주인공이었
다. 〈연애의 온도〉에서도 여주인공이 다른 남성과 성관계를
가진 때는 남주인공과 헤어진 후였다. 하지만 두 영화 속 남
주인공은 사랑을 무기 삼아 여주인공의 섹슈얼리티를 추궁
한다. 주인공 간 갈등이나 오해가 있는 상황에서 언제나 재판
대에 세워지는 건 여성이다. 〈건축학개론〉(2012)의 여주인공
서연(배수지 분)은 극 중에서 남주인공에게 "쌍년"으로 불린
후, 대표적인 '나쁜 년' 캐릭터로 꼽혀 왔다. 서연이 쌍년이 된
이유가 단순히 모호한 감정만을 남긴 채 떠난 첫사랑이기 때
문일까. 당시 관객 사이에서 서연이 남주인공이 아닌 학교 선
배와 자취방으로 들어가는 장면이 논란이 되었다. 서연이 학
교 선배와 잤는지 안 잤는지가 영화를 둘러싼 최대 관심사였
다. 서연이 남성이었어도 그랬을까.

여성의 섹슈얼리티는 이토록 중요한 문제다. 영화 속 여
주인공의 성 경험은 그녀가 지닌 연애 자본의 가치를 상실하
고 나아가 사랑의 가치를 훼손시키는 것으로 여겨진다. 섹슈
얼리티를 향한 근대 낭만적 사랑의 도덕적 관념이 여전히 여
성에게만 강력하게 적용되고 있다.

연애의 스펙화

> 정석 : 전 당연한 순서라고 생각하는데요. 좋아하는 여자가
> 생기면 당연히 관찰하고 당연히 자료들을 수집하고 꼼꼼하
> 게 기록하고, 그리고 '이 여자다'라는 생각이 확신이 들면…
> 의사 : 고백들을 하죠, 보통은.
> 정석 : 예, 그때 이제 당연히 고백을 해야죠.
> 의사 : 그래서 고백을 하셨나?
> 정석 : 알람을 맞췄는데요.
>
> 영화 〈플랜맨〉

연애 불가능성에 대한 담론의 반대쪽에는 그 어느 때보다 연애에 대한 욕망과 연애 그 자체가 만연한 분위기가 존재한다. 대중 미디어는 개인에게 연애를 자유롭게 많이 해보기를 권장한다. 연애 경험이 많다고 해서 그 사람이 헤프거나 가벼운 사람이라고 판단하지 않는다. 오히려 'ASKY(안생겨요)'와 같이 연인이 없는 사람을 패배자나 결함이 있는 사람으로 가정하는 자조적 유머가 유행하기도 한다. 연인이 없다는 것은 결핍되고 비정상적인 상태이며, 연애 경험은 스펙을 쌓는 것과 마찬가지로 많거나 잘할수록 좋다. 개인에게 연애는 '잘'해야 하고 '많이' 해야 하는 프로젝트가 되고 있다.

현대 사회에서 자기 일대기 관리, 리스크 관리의 중요성은 아무리 강조해도 부족함이 없다. 〈플랜맨〉은 이러한 현대 사회의 분위기를 극단적 은유를 통해 보여 준다. 남주인공 정석(정재영 분)은 정신적 질환 수준으로 결벽증을 앓고 있다. 정석은 위생과 정돈에 대해 강박증을 느끼고 자신의 스케줄을 초 단위로 계획해 철저히 지킨다. 매일매일 극단적 리스크 관리에 시달리는 정석에게 기대와 계획에 어긋나는 사건은 절대로 용납할 수 없다. 정석에게 연애는 계획에 없는 극단적 위험이다. 타인의 일대기 침입은 자기 일대기를 대거 수정해야 하는 거대한 리스크다. 좋아하는 여자가 생긴 정석은 자신의 정신과 주치의를 찾아가 상담을 받는다. 정석이 의사에게 내민 수첩 속에는 짝사랑하는 여자의 일거수일투족이 분 단위로 기록되어 있다.

고백마저도 알람을 맞춰 계획해야 할 만큼 연애는 관리가 필요한 리스크다. 정석처럼 극단적이지는 않더라도 현시대를 향유하는 우리에게 연애는 같은 의미를 지닌다. 나아가 '연애 과정에서 많은 노력과 희생을 치러야 하는 만큼 까다로운 작업이라면 완벽한 상대를 만나 멋진 연애를 해내 승리자가 되겠다'고 생각한다.

그 결과 개인이 가진 '사양specification'이 중요하게 고려되기 시작했다. 단순히 개인의 부나 지위, 계급과 같은 가시적 가치를 너머 다정함이나 헌신적인 모습 등도 자질에 포함된다. 2000년대 이전의 로맨틱 코미디 영화가 연애 관계에서 서로를 판단하거나 서로에게 영향을 미치는 과정을 비교적 섬세하게 다루지 못했다면, 이후 영화는 개인이 '연인'이라는 관계적 위치에서 지닌 자질들에 대한 묘사가 두드러진다. 신자유주의 시대에 노동자인 개인의 스펙이 중요한 것처럼 연인으로서 개인의 스펙 또한 중요해진 것이다.

연애를 잘할 수 있는 방안 중 하나가 바로 연애 경험 많이 쌓기다. '연애를 많이 해본 사람이 시집도 잘 간다'는 말이 틀리지 않다고 생각하는 G는 어떤 소개팅 자리도 마다하지 않고 나간다. G는 배우자를 자신이 직접 고를 수 있는 유일한 가족으로 보기 때문에 신중히 선택해야 한다고 말한다. 백문이 불여일견이라고, 좋은 연인을 만나 시집을 잘 가려면 연애를 많이 해보는 수밖에 없다. G의 연애관에 남녀를 불문하고 모두가 고개를 끄덕인다. 연애가 이토록 장려되던 때가 있었던가. 연애를 하지 않는 자는 패배자로 규정되는 시대다. 마치 마일리지를 쌓듯 연애를 많이 해서 누적되는 경험에 가치를 부여한다. 연애를 많이 하는 것이 당연한, 일종의 연애 정상화normalization 현상이다.

태랑 : 억울해, 내가 왜 그런 놈을 만나야 되는데.

지혜 : 정 그러면 잠만 강호준이랑 자봐. 아무리 죽 쒔서 개 준
다지만 그것까지 줘야 되는 건 아니잖아.

영화 〈청담보살〉

민정 : 잘생겼어?

여리 : 응. 웬만해.

민정 : 꼬셔 봐.

여리 : 어우, 그런 사이 아니야.

민정 : 남녀 사이 그런 사이 아닌 사이가 어딨어?

여리 : 여자 있어.

민정 : 뺏는 재미가 더 좋아, 이년아.

영화 〈오싹한 연애〉(2011)

로맨틱 코미디 영화 역시 연애를 부추긴다. 영화 속 주인
공은 대개 연애 문제에 소심하거나 보수적인 모습을 띠는 캐
릭터로 설정된다. 그래서 주인공 곁에는 그의 연애를 다채롭
게 건드려 주는 친구 캐릭터가 관습적 장치로 존재한다. 〈청담
보살〉, 〈오싹한 연애〉, 〈나의 PS 파트너〉(2012)에도 그런 친
구가 나온다. 주인공 커플의 주변에는 주인공의 연애 서사를
함께 따라가며 조언을 해주는 동성 친구들이 존재한다. 그들
은 교제나 성 관계에 대한 지식과 경험이 풍부하다. 무엇보다

그들은 주인공의 연애에 어떠한 규범적 결함이 있더라도 결코 연애를 말리지 않는다.

〈청담보살〉에서 태랑(박예진 분)은 어쩔 수 없는 사정으로 승원(임창정 분)과 연애를 하지만 승원이 영 마음에 들지 않는다. 불만을 토로하는 태랑에게 친구 지혜(서영희 분)는 승원 대신 전 남자친구인 호준과 성 관계를 가지라고 말하며, 연애와 섹스를 분리해서 누리기를 권한다.

〈오싹한 연애〉에서도 개방적인 연애관을 지닌 친구가 등장한다. 여주인공 여리(손예진 분)의 친구 민정(김현숙 분)은 여리에게 여자친구가 있는 남자를 꼬시라고 부추긴다. 영화 속 친구는 주인공 혹은 관객에게 보다 가볍고 도전적인 연애를 제안한다. 영화는 규범에 얽매이지 않고 적극적으로 새로운 경험을 추구하며 쾌락에 의존하는 쿨하면서도 현명한 연애를 지향한다.

보여 주는 연애

세련미가 물씬 풍기는 파티장. 여자의 지인들은 잠시 후 나타날 여자의 남자친구를 기대 어린 시선으로 기다리고 있다. 시선 사이로 초조해 보이는 여자가 비춰진다. 뒤미처 한 남자가 파티장 문을 열고 들어선다. 일순간 그를 둘러싼 감탄과 환호로 파티장이 술렁인다. 남자가 여자에게 다가와 손깍지를 끼며 다정하게 웃는다. "많이 안 늦었지?" 여자는 초조했던 시선을 거두고 안도의 미소를 짓는다. 여자의 지인들은 부러운 눈빛을 감추지 못한다.

배우 이진욱이 연기해 화제가 됐던 〈뷰티 인사이드〉의 한 장면이다. SNS상에도 편집본으로 유통되며, 타인의 이목을 끄는 완벽한 이성을 자신의 헌신적이고 다정한 연인으로 소개하고 싶은 수많은 사람들의 환상을 충족시켰다. 여자가 초조했던 이유는 남자의 얼굴이 매일 이진욱이 아니기 때문이다. 남자는 뭇 여성들의 시선을 한눈에 사로잡는 남성의 외모를 갖다가도 잠이 들면 추남이 되기도, 할머니가 되기도 한다. 가장 멋진 모습을 보이고 싶은 욕구는 여자에게만 있었던 것은 아니다. 남자 역시 스스로 만족할 만한 외모로 여자의 지인을 맞기 위해 억지로 다시 잠이 든다. 연인의 지인에게 소개되는 순간 여자와 남자에게 필요한 얼굴은 배우 이진욱의 멋진 외모였다.

인스타그램instagram을 사용하는 유저라면 '럽스타그램'이라는 신조어를 들어 봤을 것이다. 'love'와 'instagram'의 합성어인데, 인스타그램 유저들이 자신의 연인과 찍은 사진이나 연인에게 받은 선물 사진 등을 올리고 '#럽스타그램'이라는 해시태그를 달아 나를 팔로우follow하고 있는 사람들이 볼 수 있도록 공유하는 시스템이다. 현대 연인들에게 자신의 연인을 공개하는 일은 필수적이고도 중요한 이벤트다. 미디어학자 이재현은 SNS에 자신의 미시적 일상사를 이벤트화해 끊임없이 기록하려는 행위를 '미시적 이벤트화micro-eventization'라고 부른다. 같은 맥락에서 럽스타그램은 '연애의 이벤트화'다. 일루즈는 미국 온라인 데이트 사이트를 관찰한 뒤, '사적 자아private self'가 '공적 수행public performance'으로 전환되고 있다고 말했다. 사람들은 프로필에 잘 나온 사진과 개인 정보를 공개해 사적 자아를 공적 영역에 전시한다. 연애는 SNS를 만나 사적 자아를 공적 수행으로 변환한다. 자신의 사랑을 증명하기 위한 특정한 사진 구도와 데이트 양식을 보노라면 연애는 더 이상 사적 관계로만 존재하지 않고, 규격화된 문법에 맞춰진 전시 행위로 여겨진다.

우리는 어쩌다 이렇게 연애를 보여 주지 못해 안달이 나게 되었을까. 대중 미디어가 분명히 큰 영향을 미쳤다. 2000년대 중반까지 연애를 소재로 다룬 예능 프로그램은 연예인의 짝짓기를 주요 내용으로 하고 있어 시청자의 연애와 다소 동떨어진 환상을 만들어 냈다. 그런데 2000년대 후반, 시청자가 직접 참여해 연애를 상담하고 코칭받는 프로그램이 등장하기 시작했다. 2013년부터 약 3년 간 방영되었던 〈마녀사냥〉(JTBC)이 대표적이다. 〈마녀사냥〉에서 로맨스의 주체는 시청자다. 사람들은 수많은 이들이 시청하는 프로그램에서 자신의 연애 일대기를 고백한다. 짝사랑부터 성 경험까지 내밀하고도 사적인 연애담을 공적 영역에 공개한다. 자신의 연애를 자랑하기 위해, 또는 더 성공적인 연애를 위한 조언을 구하기 위해 사람들은 TV 출연도 마다하지 않는다. 콘텐츠의 증가가 연애 전시 현상을 불러온 것인지, 자신의 행복을 보여 주고 싶어 하는 사람들이 늘어 콘텐츠가 생겨난 것인지 선후 관계는 알 수 없다. 분명한 사실은 현대 연애인들은 연애를 더 이상 사적 영역 안에 가둬 두지 않는다는 점이다.

연애의 스펙화 역시 연애가 공적 영역으로 나오게 된 데 큰 몫을 했다. 연애에 많은 계산이 동원될 만큼 연애가 어려워진 시대에 내가 어떤 연인을 만나는가는 나의 가치를 증명하는 일이 된다. 자기 계발 하는 주체로서 연애 또한 잘 가꾸어 나가야 하는 영역이다. 30대 초반 여성 H는 카카오톡 프로필에 대기업에 다니는 남자친구의 사원증과 꽃다발 사진을 걸어 놓았다. 사회적으로 인정받는 조건을 가진 남자에게 사랑받고 있다는 사실을 공공연히 전시하고 주위 사람들이 부러움을 표할 때 H는 자존감을 느낀다. 로맨틱 코미디 영화에서 주인공의 연애가 주변인에게 인정받고 선망의 시선을 사게 되는 장면이 주목받는 이유다.

연애는 점차 친밀성intimacy의 영역에서 외밀성extimacy의 영역으로 넘어가고 있다. 외부의 것이 내부의 기초가 되는 양상을 외밀성이라고 부른다.[8] 개인의 내밀한 영역이 외부 기준에 의해 영향을 받으며 작동할 때, 친밀성은 외밀성이 된다. 현대 연애 주체는 스펙으로 구체화되는 신자유주의, 생존주의, 자기 계발주의의 레짐을 내면화한다. 그리고 연애를 낭만적이고 아름다운 무언가로 제시하는 영화 장르인 로맨틱 코미디는 이런 연애의 외밀성을 보다 또렷하게 부각한다.

먹고사니즘과 연애

2000년대 후반부터 로맨틱 코미디 영화는 '먹고사니즘' 정서를 대변해 생계를 넘어 로맨스마저도 누리기 어려운 현실에 대해 다루기 시작했다. 90년대까지 영화가 로맨스와 생계 문제를 분리했다면 2000년대 초반 영화는 소시민의 로맨스를 주목하기 시작했다. 그리고 최근에 이르러 로맨스에 경제적 문제가 적극 개입되는 현실이 다뤄지고 있다.

면접관 : 한문학과? 그러면 중국어 잘해?

지웅 : 아유, 한자 많이 안다고 중국어 잘하면 한국 사람이 세계에서 영어 제일 잘해야죠. 아, 사자성어는 많이 압니다.

면접관 : 그럼 사자성어로 이 상황을 한번 표현해 봐.

지웅 : 인감생심?

지웅 : 엄마, 88만 원 세대라고 들어 봤지? 그게 뭐냐면, 요즘 하도 취직이 어렵다 보니까 한 달에 취업 원서비로만 88만 원이 든다. 그래서 붙은 이름이거든.

영화 〈티끌 모아 로맨스〉(2011)

〈티끌 모아 로맨스〉는 취업난 속 주인공의 모습을 코믹하게 그린다. 변변찮은 스펙을 갖고 취업을 하기 위해 고군분투하는 백수 청년 지웅(송중기 분)이 등장하는 도입부는 88만 원 세대 청년 로맨스 서사의 경제적 배경을 제시한다. 코믹하지만 마냥 코믹하지만은 않다. 지웅은 동호회에서 만난 여자에게 대기업에 취직했다고 거짓말을 한다. 그 말을 들은 여자는 지웅에게 노골적인 관심을 표한다. 이러구러 지웅에게 기회가 왔고, 두 사람은 잠자리를 갖게 되었다. 그러나 기쁨도 잠시, 콘돔 살 돈이 없어 집으로 돌아가야만 했을 때의 비참함은 말로 다 표현할 수 없다. 20~30대의 구조적 빈곤이 섹슈얼리티에도 제한을 가하는 현실이다.

홍실 : 아프리카 영양 알지? 치타한테 잡아먹히는 애들. 너 개들한테 제일 중요한 게 뭔지 알아? 그건 치타보다 빨리 뛰는 게 아니라 다른 영양보다 빨리 뛰는 거야.

영화 〈티끌 모아 로맨스〉

영화의 또 다른 주인공인 홍실(한예슬 분)은 가난 속에서 억척스럽게 살아가는 인물이다. 홍실은 지웅에게 현실을 깨우쳐 주려고 한다. 그녀에게 세상은 치열한 생존 경쟁의 장이다. 현시대를 살아가는 청년들에게 경쟁은 부나 권력을 획득하기 위한 수단이 아니다. 생존을 위해, 먹고살기 위해 자신과 비슷한 조건을 가진 타인과 경쟁한다. 생존주의 삶 속에 연애가 끼어들 틈은 없다.

홍실 : 데이트? 나한테 제일 있을 수 없는 세 가지가 뭔지 알아? 종교, 병, 그리고 연애.
지웅 : 그게 뭐야?
홍실 : 반드시 돈 드는 것들.

영화 〈티끌 모아 로맨스〉

학교에도 직장에도 소속되지 못한 채 고투하는 홍실과 지웅은 니트족이다. 그동안 서로의 영역을 침범하지 않았던 로맨스와 경제는 〈티끌모아 로맨스〉를 통해 교차한다. 그 교차점에서 우리는 로맨스가 얼마나 큰 소비 환상을 바탕으로 하는지 절감한다. 열악한 물적 조건 위에서 로맨스는 가혹하다.

젠더 분업 체계 붕괴 이후의 연애

재준 : 회사 호출…

수지 : 가야 돼? 이 중요한 순간에?

재준 : 급한 일이라…

수지 : 넌 급한 게 중요하니? 중요한 게 급하니?

영화 〈7급 공무원〉

먹고사는 일이 급박한 저소득층에게만 연애가 어려워진 것이 아니다. 신자유주의 시대의 자유로운 노동력인 개인은 위험 사회를 유영하며 리스크를 관리하고 자기 일대기를 구성해야 한다. 이런 상황에서 두 개인의 만남은 개인을 둘러싼 거대 일 대기가 만나 MOU를 맺는 것과 같다. 그만큼 두 일대기의 합 일이 조화로운 타협을 이루기가 쉽지 않다. 개인에게 연애는 더욱 신중한 결정과 노력을 요하는 일이 되고 있다.

90년대 이전 영화에서 개인이 일과 연애 사이에서 고민 을 하는 경우는 드물다. 남녀의 결합 과정에서 보통 여자의 일 대기는 남자의 일대기 속으로 흡수된다. 50년대 영화 〈여사 장〉에서 안나는 잡지사를 운영하는 사장이었지만 결혼과 동 시에 자리를 남편에게 넘기고 자신은 전업주부가 되는 일이 갈등 없이 이루어진다. 70~80년대 영화 속 여주인공의 자아실현도 여전히 낭만적 사랑의 결실인 결혼을 통해서 이루어지는 것으로 그려진다.

90년대로 넘어오며 영화는 점차 여성도 남성처럼 자신의 전문적인 직업을 갖고 자신의 일대기를 가꾸어 나가는 모습을 보여 준다. 그 과정에서 여성은 남성의 거부감을 일으키고 갈등의 촉발 지점이 되기도 한다. 그러나 일과 연애가 서로를 방해하거나 충돌하는 식으로 그려지지는 않는다. 인물이 가진 직업은 그저 도회적이고 독립적인 인물들이 지닌 매력을 뒷받침하는 소재로 사용된다. 일은 연애와 별개의 영역으로 다뤄지며, 직업을 수행하는 장면과 연애가 중첩되어 일어나는 에피소드는 적다.

수지 : 급한 게 중요하지. 빨리 가.

재준 : 괜찮아?

수지 : 괜찮아. 내가 너 일하는 데에 방해되기는 싫어. 입어.

재준 : 응, 그래. 근데 수지야, 사랑해.

수지 : 나도 사랑해.

재준 : 난 진짜 사랑해.

수지 : 나도.

영화 〈7급 공무원〉

변화가 생기기 시작한 건 2000년대 후반으로 들어서면서부터다. 개인은 일과 연인 사이에서 갈등하기 시작한다. 〈7급 공무원〉은 일과 연애를 병행하며 생기는 어려움을 매우 극단적인 설정을 통해 희화화한다. 재준(강지환 분)과 수지(김하늘 분)는 국정원 직원으로 자신의 신분을 주변에 속여야 하는 처지다. 두 사람은 연인에게 거짓말을 하고, 긴박한 업무로 데이트를 번번이 취소하는 등 연인의 역할을 제대로 해내지 못한다. 사랑을 나누려는 시점에 재준에게 걸려 온 업무 전화에 수지는 화를 내지 못한다. 수지 역시 출동 명령 전화를 받기 때문이다.

수지와 재준은 근대의 젠더 분업 체계가 붕괴된 이후의 연인을 형상화한다. 여성도 경제적 개인의 몫을 하고 있는 현시대에 두 사람은 일과 사랑 사이에서 균형점을 찾아가는 어려운 과제를 수행해야 한다. 장기화된 경기 침체로 '혼자 벌어서는 어렵다'고 생각하는 사람들이 늘어가며 경제적 주체로서 서로의 입장을 배려할 수밖에 없게 되었다. 수지와 재준이 각자의 자리에서 고군분투하는 이유는 함께할 미래를 조금 더 안정적으로 만들고 싶어서다. 두 사람은 서로에게 사랑한다는 말을 반복하며 애정을 확인받는다. 잦은 야근이나 출장 등으로 일에 붙잡혀 소홀하게 될 수밖에 없는 연인에게 사랑한다는 말로 구슬리고 사정하며 그의 마음을 붙잡아야 하

는 오늘날 수많은 젊은 연인들의 모습과 교차된다. 소리 내
어 웃지만 식도 근처에서 배어나는 씁쓸함은 어쩔 수 없다.

> 윤정 : 나 어렸을 때 지금 이 나이쯤 되면 되게 특별한 여자가
> 되어 있을 줄 알았다? 근데 안타깝게도 난 안정감이 제일 중
> 요한 아주 평범한 여자였어. 아무것도 없는 평범한 여자가 꿀
> 수 있는 꿈은 그렇게 많지가 않아.
>
> 영화 〈나의 PS 파트너〉

〈나의 PS 파트너〉의 여주인공 윤정(김아중 분)은 회사
에서 남자친구 승준(강경준 분)을 만나면서 회사를 그만둔다.
남자친구가 곧 프러포즈를 하리라는 기대와 결혼 후 전업주
부가 되면 조화로운 부부 생활에 일조할 수 있다는 판단에서
였다. 하지만 승준은 프러포즈는커녕 회사 내 다른 여직원과
바람을 피우며 회사 생활을 궁금해하는 윤정을 괄시하기에
이른다. 윤정은 젠더 분업 체계의 이데올로기를 내면화한 여
성의 전형이다. 결혼보다 높은 곳에 자신의 커리어와 꿈이 있
을 수 없다. 일과 결혼 생활 양립의 어려움은 자명한 현실이
다. 젠더 분업 체계에 익숙한 윤정은 안정감을 이유로 자신
의 삶에 놓인 선택지를 스스로 제한한다. 자신의 자아실현 목
표를 일에서 결혼으로 바꾸어 버린 것이다. 결혼의 꿈이 무

산된 윤정에게 남은 것은 무엇도 성취하지 못한 백수로서 갖는 좌절감뿐이다.

　로맨스 관계에서 남성은 감정적 헌신만 요구받는 반면, 여성은 종종 결혼하고 순종적 부인이자 며느리가 되기를 강요받는다. 남성이 노동자 역할을 수행하는 것은 주체적 개인으로서 당연한 일이지만, 여성은 일을 포기하더라도 결혼이라는 대안적 선택이 주어진다는 인식이 여전할 뿐 아니라 현모양처가 이상적 여성상으로 여겨지기도 한다. 남녀가 각자의 일대기를 타협할 때 여성의 희생이 당연시되는 건 무리도 아니다. 근대적 형태의 사랑이 해체된 현재, 결혼과 동시에 노동력을 탈각한 여성과 남성이 헤어졌을 때 남성은 감정적 타격을 입을 뿐이지만 여성은 경제적 개인의 정체성까지 타격을 받는다.

감정적 개인주의

"맞아요, 제가 나쁜 년이죠. 저 나쁜 년 맞는데요, 강태하하고 남하진 그 두 사람 말고 누가 저한테 나쁘다고 말할 수 있나요?"

드라마 〈연애의 발견〉(KBS2, 2014)

결국 개인의 '마음'이다. 외모, 능력, 재산, 현명함 등이 일차적 선택의 기준이 되기는 하지만 개인의 선택 아키텍처의 본질은 다른 데 있다. 연애 상대 선택에 있어 모든 외부 참조 체계가 힘을 잃은 가운데 유일하게 남은 것은 내부 참조 체계, 즉 자신의 마음뿐이다. '마음의 소리'는 오늘날 연애 시장의 강력한 레짐이다.

일루즈는 자기 내면의 감정이 가장 중요한 고려 사항이 되며 개인의 감정적 자율이 중시된다고 말한다. 그리고 이를 '감정적 개인주의emotional individualism'라고 부른다. 2000년대 후반 이후 로맨틱 코미디 영화는 로맨스에서 감정적 개인주의가 주요한 기제로 작동하는 양상을 그려 낸다. 영화는 내레이션(〈러브픽션〉,〈슬로우 비디오〉), 인터뷰(〈연애의 온도〉), 친구와 상담하는 장면(〈오싹한 연애〉,〈건축학개론〉), 환상 속 말동무(〈러브 픽션〉) 등을 통해 캐릭터가 자기 내면을 들여다보는 과정을 강조한다.

감정적 개인주의가 작용하며 개인은 진정성에 의거해 자율적으로 연애 상대를 선택한다. 이러한 과정에서 사랑이 지닌 순수성과 고귀성은 강화된 것처럼 보인다. 그러나 '마음의 소리'는 한편으로 많은 윤리와 규범을 포기하게 만드는 강력한 레토릭rhetoric이 되기도 한다. 심순애가 오로지 다이아몬드 때문에 김중배를 택하더라도 그녀의 마음의 소리에 의한 선택인 이상 누구도 그녀를 탓할 근거는 없다. 마음의 소리에 집중하는 현상은 최근 한국 사회에서 하나의 미덕으로 여겨지는 '개취존중'과도 일맥상통한다. '개인 취향 존중'을 의미하는 개취존중은 자유와 개인주의를 갈망하는 현시대에 걸맞은 구호다. 이들에게 자유와 개인의 영역은 어떠한 경우에도 침해되어서는 안 되며, 이러한 가치관은 개인의 사소한 취향과 선택으로 확장된다.

현상은 부작용을 동반하기 마련이다. 개취존중의 원리는 토론과 합의가 필요한 영역, 나아가 상대에 피해를 주는 상황에도 적용되어 방종으로 이어지기도 한다. 드라마 〈연애의 발견〉은 연애 관계에서 흔히 발생할 수 있는 자유와 방종 사이의 모호한 영역을 섬세하게 다뤄 호평을 받았다. 여주인공 여름(정유미 분)은 착하고 헌신적인 남자친구 하진(성준 분)을 떠나 옛 남자친구 태하(에릭 분)를 최종적으로 선택한다. 여름은 태하를 선택하면서 자신에게 손가락질할 수 있는 사람은 오직 태하와 하진뿐이라고 말한다. 그러면서 자신이 갖게 되는 죄책감과 고통을 두고 "나는 나쁜 년이니까 조금 힘들어야지"라고 합리화한다. 자신의 마음에 따라 선택하고 그에 대한 책임 의식을 갖는 것이 연애의 유일한 윤리이자 강력한 행동 양식이다. 감정적 개인주의 원칙에 따라 개인은 자기 마음속으로 침잠해 내면의 감정을 최우선시한다. 내면의 감정은 자기 진정성이자 존중받아야 하는 무소불위의 힘을 지니기도 한다. 그러는 사이 내면에서는 많은 것들이 정당화된다.

감정의 나르시시즘

준수 : 네가 사랑을 알아? 진짜 사랑을 알아? 네 사랑은 껍데기야. 넌 그 사람을 사랑한 게 아니라 사랑을 사랑한 거야. 네 감정을 사랑한 거지.

영화 〈오늘의 연애〉

"썸 타느라 속 타는 당신을 위한 로맨스!" 〈오늘의 연애〉는 남주인공 준수(이승기 분)가 18년 지기인 현우(문채원 분)를 짝사랑하는 내용이다. 현우는 준수의 마음을 알면서도 모른 척 준수의 주변에 머물며 회사 선배 동진(이서진 분)을 좋아한다. 그러나 현우와 동진 역시 연인 관계는 아니다. 사랑의 화살표가 제각기 다른 곳을 향하고 있는 상황에서 영화 속 남녀 관계는 명확하게 규정되지 못하고 감정만 모호하게 떠돈다.

영화는 대상이 결여된 시대의 새로운 로맨스 감정을 보여 준다. 현우는 자신에게 충분한 사랑을 되돌려 주지 않는 동진을 계속 사랑한다. 그걸 지켜보던 준수는 현우에게 나르시시즘에 빠져 있다고 일갈한다. 영화 속 현우는 특정한 상대를 사랑하는 것이 아니라 사랑하고 있는 자신의 감정을 사랑하는, 감정의 나르시시즘에 빠져 있다. 감정의 나르시시즘은 사랑을 두 사람 간의 상호 작용으로 진화시키지 못하고 고립시켜 감정을 매어 버린다.

물론 현우와 반대되는 케이스도 있다. 회사원 여성 I는 자신에게 충분한 사랑을 돌려주지 않으면 망설이지 않고 돌아선다. "끌려 다니고 싶지 않아요. 연애 말고도 신경 써야 할 일들이 얼마나 많은데. 어릴 때야 할 게 연애밖에 없으니 거기에 집중할 수 있었지만 지금은 연애뿐 아니라 회사 일 등 생각할 것들이 많거든요." 제대로 된 연애를 못하는 사이 '썸남'이라고 불리는 남자들만 십수 명이 그녀를 스쳐갔다. 현우와 행동 방식은 다르지만 I 또한 자신만의 감정에 고립되어 소통할 상대를 찾지 못하고 있다.

썸 타느라 속 타는 것은 사랑의 리비도가 제대로 대상을 찾아가지 못하기 때문이다. 썸이 사랑이 지닌 감정의 무게감을 덜어 주기 위한 유동적 관계에서 유래한 것과 모순되게 개인은 썸을 타며 더 많은 소외를 느낀다. 그러나 썸은 개인이 로맨스 관계에서 취할 수 있는 최소한의 자기 방어 자세다. I의 말대로 개인이 사회에서 생존을 위해 수행해야 하는 일이 켜켜이 쌓여 있는데, 연애는 너무 많은 감정을 소모하게 해 생존을 방해한다. 감정을 충분히 보상을 받을 수 없는 상대에게 사랑을 주기보다 자기 내부에서만 소모되도록 만드는 편이 생존을 위해 더 나은 선택일 수 있다.

한 발짝 더 나아가, 감정의 나르시시즘은 현실에 대한 일종의 저항인지도 모른다. 시장 논리가 적용된 연애는 스펙이 되어 버렸고 개인은 하나의 자본이 되었다. 적자생존의 원칙이 가미된 연애 시장에서는 감정도 인격도 도구화되기 쉽다. 나르시시즘은 이런 체계 속에서 적어도 자기 자신은 도구화되지 않고 일말의 진정성을 지키려는 청춘의 발버둥이다.

감정의 권력

현우 : 누가 너더러 나 좋아해 달라 그랬어? 이제 우리 다시는 보지 말자.

영화 〈오늘의 연애〉

동등한 관계는 없다. 로맨스 관계에서 두 사람은 늘 비대칭적인 권력 관계에 서 있다. 영화 〈오늘의 연애〉에서 준수는 현우를 좋아한다. 큐피드의 화살은 무심하게도 현우의 화살을 동진에게 돌린다. 그러면서 세 사람 사이에 감정의 사슬 관계 내지는 권력 관계가 형성된다. 준수와 현우, 현우와 동진 모두 연인 관계는 아니다. 그 어떤 관계도 명확히 규정되지 않은 채 감정의 밀고 당기기만 존재한다. 준수는 현우의 곁에서 그녀의 시중을 들다시피 하지만 자신의 마음을 고백해서는 안 된다고 느낀다. 현우 역시 동진 곁에 머물기 위해 그의 마음을 거스르는 행위를 일절 삼간다. 상대가 자신에게 애정을 갈구하면 이들은 지켜야 할 선을 넘었다는 듯 비난한다. 감정은 허용되지만, 감정을 들키거나 상대도 같은 마음이기를 바라는 진심이 드러나서는 안 된다. 발각 즉시 무례한 행동으로 간주되어 관계는 종말을 맞기도 한다.

전통 로맨틱 코미디 장르에서 보인 권력의 형태는 현대와 다르다. 권력은 사회 경제적 계급의 문제와 결부된다. 〈여사장〉, 〈특급결혼작전〉 등 초기 영화에서는 사회 경제적 지위가 높은 주인공이 비교적 지위가 낮은 상대를 만나며 이야기가 시작된다. 권력 격차는 연애를 통해 불식되며 관계는 해피엔딩으로 나아간다. 시대가 변하며 계급 간 로맨스가 담긴 '신데렐라 스토리'는 영화보다 긴 호흡을 자랑하는 TV 드라마의 주요 플롯으로 넘어가게 되었다. 영화는 인물들이 지닌 감정을 섬세하게 끌고 나가며 더 이상 계급 문제를 갈등의 주요 동력으로 다루지 않는다. 물론 50~80년대 영화에서도 새침한 여주인공이 남주인공에게 관계를 명확히 규정해 주지 않고 줄다리기하는 모습을 종종 볼 수 있다. 그러나 여자의 줄다리기는 정략결혼이 약속되어 있거나 집안의 반대로 남주인공을 선뜻 받아들일 수 없는 데서 비롯한 것이다.

2000년대 이후 로맨틱 코미디 영화에서는 외부의 장애물이 아닌 오로지 마음의 문제로 줄다리기가 벌어진다. 개인이 지닌 감정은 동일한 방향과 무게를 지닐 수 없기에 연애는 갈등을 맞이한다. 감정의 문제는 계급 갈등보다 비가시적이고 모호하다. 복잡한 권력 양상과 감정의 눈치 게임이 필수적으로 동반되며 연애의 어려움이 고조된다. 경제 시장에서는 자본이 풍부한 자가 권력을 갖지만, 아이러니하게도 연애 시장에서는 감정 자본을 많이 가진 자가 약자가 된다. 함부로 밀어서도 당겨서도 안 되며 쿨한 태도를 유지해야만 하는 관계가 '오늘의 연애'다.

흔한 이별

연인의 담론은 변증법적인 것이 아니다. 그것은 끊임없이 되풀이

되는 달력이나, 혹은 감정 문화의 백과사전처럼 계속 돌아간다.

롤랑 바르트, 《사랑의 단상》, 동문선, 2004.

모름지기 로맨틱 코미디의 결말은 해피엔딩이어야 한다. 해피엔딩은 로맨틱 코미디 장르의 규칙이자 필수 문법이다. 그런데 2000년대 후반부터 이 법칙이 깨지기 시작했다. 영화 말미 당연한 해피엔딩을 예상하지만 남녀는 결혼은 고사하고 이별한 채 영화가 끝나곤 한다. 과거 전형적인 로맨틱 코미디 플롯에서도 이별은 등장했다. 대개 플롯 중반부나 중후반부에 위치하면서 종국에 두 사람이 재결합할 때까지 극에 긴장을 불어넣었다. 그랬던 이별이 현대 영화에서는 이전과 다른 지위를 갖게 되었다. 다수의 영화에서 이별은 더 이상 재결합에 이르는 중간 단계에 머물지 않는다. 영원한 사랑을 약속할 수 없기에 이별한다.

  80년대 이전 청춘 영화는 부모의 반대나 주인공의 죽음과 같은 외부적 요인이 이별의 원인이었다. 현대의 이별은 다르다. 순전히 남녀 간 갈등의 결과물이자 개인의 자발적 결정에 의한 이별이다. 갈등에 반드시 바람이나 변심이라는 윤리적 문제가 끼는 것은 아니다. 대개 결혼에 대한 반대급부가 주요인으로 작용한다. 전통적인 로맨틱 코미디 장르가 결혼 혹은 영원한 사랑을 약속하며 해피엔딩으로 막을 내린다는 점을 고려한다면 현대의 로맨틱 코미디 속 남녀는 영원을 기약할 수 없어 이별을 맞이한다.

영화 〈6년째 연애중〉은 정확히 현실을 꿰뚫는다. 재영(윤계상 분)과 다진(김하늘 분)은 6년 동안 연애하며 서로에 대한 설렘이나 존중보다는 편안함으로 연애를 이어 간다. 익숙해진 둘은 관계에 조금씩 태만해지며 결국 파경을 맞는다. 다진과 재영 모두 어느 정도 경제력을 갖추었지만 결혼은 고려사항이 아니었다. 예비 시어머니와의 갈등으로 결혼하지 못하고 있는 친구 커플을 보던 다진이 재영의 어머니에 대해 불만을 언급하는 장면이 나오지만, 이게 두 사람이 결혼을 고민하는 원인일 만큼 중요하지는 않다. 〈연애의 온도〉 주인공 영(김민희 분)과 동희(이민기 분)의 미래에도 결혼은 존재하지 않는 선택지다. 이미 이별을 한 번 경험한 두 사람의 연애는 안정감을 상실한 상태다. 영은 불안감을 해소하기 위해 결혼을 제안하지만 동희는 선뜻 대답하지 못한다. 어색한 기운이 감돌자 영은 금방 농담이었던 척 제안을 철회한다. 둘의 어색한 관계는 두 사람이 다시 이별할 때까지 지속된다.

연애의 목적지는 더 이상 결혼이 아니다. 〈6년째 연애중〉과 〈연애의 온도〉에서 보았듯 연인은 분명한 외부적 장애물이나 원인이 없는 데도 결혼하지 않는다. 신자유주의 시대를 향유하는 20~30대에게 결혼은 필수가 아니다. 그러니 연애는 결혼이라는 목적을 향한 단계가 아니며, 결혼을 탈각한 연애는 기간만 길어진 채 끝을 향한다. 헤어짐과 만남을 반복한 연애의 끝에 결혼이 없다면 결별뿐이다. 동거가 보편화되거나 긍정되지 않는 한국 사회에서 결혼 혹은 이별이라는 이분법적 선택지는 강하게 작용될 수밖에 없다.

이별의 새로운 지위

> 영 : 어차피 헤어질 거면 한 살이라도 어릴 때 헤어지는 게 좋죠. 좋은 경험 해봤다고 생각하고. 그걸로 충분하니까, 오히려 후련해요.
>
> 동희 : 사랑한다고 열 백 번 이야기해도 헤어지자는 말 한마디로 끝나는 게 연인 관계라더니. 진심으로 사랑하는 사람들만 바보가 되는 거죠. 우연히 만나서 우연히 사랑하고 우연히 헤어지고, 인생 자체가 그냥 우연의 과정인 거죠. 어떤 의미 같은 건 없어요.
>
> 영화 〈연애의 온도〉

이별이 두 사람의 자발적 선택이자 결정이 되어서일까. 이별은 이제 멜로드라마에서처럼 눈물 콧물 빼는 비극적 사건으로만 여겨지지 않는다. 이별은 인생사의 우연한 과정, 혹은 자아의 성장과 경험 등 다른 시각으로 체험되기 시작했다. 영화 〈연애의 온도〉는 다큐멘터리 형식을 빌려 연애 사건마다 남녀의 입장을 들어 볼 기회를 제공한다. 영과 동희가 이별 직후 인터뷰를 통해 표명한 각자의 입장은 인상적이다. 영은 이별을 '좋은 경험'이라고 표현했다. 동희도 이별은 '우연의 과정'이었을 뿐이라고 말한다. 두 사람의 표현은 자신의 슬픔을 감추고 자존심을 지키기 위한 포장이었을지도 모른다. 그러나 이별을 경험이자 과정으로 여기는 분위기는 영화에서뿐 아니라 현실에도 존재한다.

　일루즈가 말한 감정적 개인주의가 발동한 개인에게 연애 실패는 상처보다 성장이다. 연애 실패로 인한 충격이 자아를 위협하지 않도록 이별을 긍정한다. 나아가 연애는 자기 계발의 영역과 중첩된다. 연애와 이별은 한 번의 경험으로 양화돼 축적되고, 개인은 그만큼 자신을 계발하고 연애 스펙을 쌓았다고 여긴다. 이별은 연애의 종지부가 아니다. 연애의 정상적 과정 중 하나로 썸이 연애 전 하나의 단계(반드시 연애로 귀결되는 것은 아니지만)라면 이별 역시 연애 이후 단계가 된다.

　이별한 두 사람은 각각의 개인으로 돌아가기보다는 '이별 관계'라는 또 하나의 관계 범주로 들어간다. 이별 관계 역시 유동적이다. 연인들이 이별 관계에 영원히 고착되어 있으리라는 법은 없다. 마음은 유동성을 지니고 있어 관계를 되돌리는 일이 빈번하게 일어날 수 있다. 현대의 합류적 사랑에 입각해 연애하는 이들에게 이별은 '절대 일어날 수 없는 일'이 아니다. 이별은 언제든 일어날 수 있고 그래서 진심을 다해 사랑하는 사람들은 바보가 된다. 관계의 기브 앤 테이크를 잘 고려하는 것이 현대 연애의 핵심이다.

> 영 : 너 그거 알아? 헤어졌던 사람들이 다시 만날 확률이 82프로래. 그런데 그렇게 다시 만나도 그중에서 잘되는 사람들은 3프로밖에 안 된대. 나중에 97프로는 다시 헤어지는 거야.
> 동희 : 왜?
> 영 : 처음에 헤어졌던 거랑 똑같은 이유로.
>
> 영화 〈연애의 온도〉

근무처가 같은 동희와 영은 헤어지고 나서도 매일 마주하며 서로를 못 잡아먹어 안달이다. 애증 관계는 어느새 애정으로 변하고 둘은 다시 연인 사이로 돌아갈 '위기'를 맞이한다. 영의 3퍼센트 확률론 위험에도 불구하고 두 사람은 다시 연애를 시작한다. 마음의 소리가 확률 계산보다 단연 앞선 결과다. 두 번째 연애가 시작되고 둘은 얼마간 행복한 시간을 보내지만 확률론을 증명이라도 하듯 남녀는 부딪히며 또다시 이별한다. 이별을 맞이한 곳은 첫 연애에서 둘 사이 큰 다툼이 있었던 놀이공원이다. 남녀는 이전에도 같은 장소에서 크게 다툰 기억을 떠올렸지만 이유를 찾지 못하다가 두 번째 이별을 하고 나서야 기억해 낸다. 영화가 막을 내릴 때까지 이유는 구체적으로 언급되지 않는데, 둘의 이별에 이유는 중요한 요소가 아니기 때문이다. 중요한 사실은 두 사람이 비슷한 갈등과 화해를 반복하는 굴레에 빠졌다는 점이다.

바르트가 연인의 담론은 변증법적인 것이 아니라 끊임없이 되풀이되는 달력과 같다고 한 말을 되새겨 본다. 연인은 둘의 상반된 성격이 정반합을 이루어 이상적 결합 상태에 도달하지도, 만남과 이별을 겪으며 영원한 결합으로 나아가지도 않는다. 결혼이 자연스러운 선택지로 여겨지지 못하는 상황에서 연인은 애증 관계를 지속한다. 두 사람은 누가 먼저 이별을 입 밖으로 꺼낼지 눈치 싸움을 벌이며 마음의 소리는 무시한 채 이별의 책임을 서로에게 떠넘긴다. 영원의 약속이 없는 상태에서 연인은 탈출구 없이 갈등을 반복할 뿐이다. 이별이라는 탈출구를 찾더라도 재회나 재결합은 얼마든지 다시 일어날 수 있다. 정반합이 없는 반복적 배열이 현대의 연애니까.

영 : 야, 우리 로또나 살까.

동희 : 로또?

영 : 응, 내가 사줄게. 한 장씩 사자.

동희 : 내가 그거 맨날 사봤는데, 한 번도 안 되더라.

영 : 이번엔 될 수도 있어.

동희 : 그래, 사자. 진짜 모르지, 이번엔 될는지도. 근데 우리
뭐 먹을까?

영 : 짜장면 먹을까? 그때 거기 갈까?

동희 : 거기 없어졌는데.

영 : 왜? 맛있었는데?

동희 : 몰라. 터가 안 좋았나 봐.

영 : 뭐야. 그럼 우리 뭐 먹지?

동희 : 몰라. 뭐 또 맛있는 게 있겠지.

영화 〈연애의 온도〉

두 번째 이별을 맞이하고 서로 다른 곳에서 근무하기
시작한 동희와 영은 우연히 재회한다. 화면은 나란히 길을 걷
는 두 사람을 따라가며 마무리를 짓는다. 그러면서 둘의 대화
가 멀어지듯 들려온다. "몰라. 뭐 또 맛있는 게 있겠지." 짜장
면 집이 사라졌는데 그 이유는 알 수가 없고, 이유는 별로 중
요하지 않으며, 또 다른 맛있는 게 있을 것이라 무작정 기대
한다. 둘의 대화에는 '이번은 다를 거야' 하는 기대감이 서려
있다. 기대감에는 당장의 감정만이 남아 있을 뿐 이전의 갈등
원인은 망각되어 있다. 두 사람은 또 다시 달력이나 백과사전

같은 연애 궤도에 오르려 한다.

첫사랑의 노스탤지어

27살의 남성 J는 최근 첫사랑과 두 번째 이별을 했다. 그녀를 처음 만난 것은 고등학교를 졸업할 무렵이었다. 연애도 데이트도 모든 처음을 그녀와 함께했다. 그러나 대학 입학에 실패하고 재수에 돌입하며 그녀와 헤어졌다. 이후 종종 들리는 소식에 그리워하며 지내다 7년이 지난 최근 다시 만나 연인으로 돌아갔다. 운명적 재회라고 생각했던 것과 달리 새로 시작한 연애는 6개월도 지속되지 못하고 끝을 맞이했다. 이별의 이유를 묻자 J는 7년 사이 너무 많은 것들이 변해 있었다고 답했다.

J의 이야기는 비단 특정한 개인의 경험만은 아니다. 현재의 연애가 엇갈리고 미끄러지는 가운데 그 균열을 메꾸는 기억은 옛사랑과의 추억이다. 영화 〈김종욱 찾기〉(2010), 〈시라노: 연애조작단〉, 〈건축학개론〉은 두 개의 시간 축을 갖고 주인공의 현재 시점과 과거 시점을 교차해서 보여 준다. 과거에는 첫사랑이 있다. 각 영화의 주인공은 첫사랑의 기억에 매달린다.

우연한 계기에서 비롯되는 첫사랑과의 재회는 영화의 극적 장치일 뿐이다. 현실에서 옛 연인과의 재회는 어려운 일도 우연한 일도 아니다. SNS로 연결되어 있는 사회에서 우리는 단절을 경험하기 힘들며 시간과 공간의 거리에 상관없이 어떤 이도, 어떤 사건도 소환 가능하다. 소설가 김영하는 현시대를 '소환의 시대'라고 칭했으며, 또 다른 소설가 백영옥은 소환의 시대를 사는 우리를 '연결과 차단 사이에 낀 사람들'이라고 표현한다. 그 어떤 세대보다 개인주의와 자유를 덕목으로 익혀 온 세대지만 연결과 소통에 대한 욕망 역시 어느 세대에 뒤지지 않는다. 영화처럼 운명적 재회의 과정이 굳이 없더라도 첫사랑은 쉽게 부활할 수 있다.

사실 첫사랑은 TV 드라마를 중심으로 한 로맨스 콘텐츠에서 빈번하게 사용하는 소재다. '처음'이라는 이유로 신비화되고 기억의 미화가 이루어지는 첫사랑은 순결, 순정 같은 관념과 결부되어 사랑에 대한 환상을 충족한다.[10] 그러나 재회 혹은 재결합으로 첫사랑 신화를 이룩하는 로맨스 콘텐츠와 달리 현대 로맨틱 코미디 영화는 첫사랑의 '감정'만 활용한다. 〈시라노; 연애조작단〉, 〈김종욱 찾기〉, 〈건축학개론〉 모두 첫사랑에 대한 기억이 영화의 주요한 축이지만, 인물들은 첫사랑의 대상과 재결합하지 못한다.

> 지우 : 지금의 날 보고 실망할 수도 있고, 아니면 내가 그 사람한테 실망하면 어떡해요?
>
> 영화 〈김종욱 찾기〉

영화 속 인물들은 심지어 첫사랑과의 재회를 거부하기까지 한다. 〈김종욱 찾기〉의 지우(임수정 분)는 오래전 여행지에서 만난 첫사랑 '김종욱'을 잊지 못한다. 혼기가 꽉 찬 딸이 걱정된 아버지가 지우를 '첫사랑 찾기 사무소'에 데려가지만, 지우는 종욱에 대한 정보를 밝히지 않으며 첫사랑 찾기를 계속 거부한다. 지우는 혼잡한 여행지에서 종욱의 뒤를 쫓아가는 꿈을 꾸지만 그를 부르거나 붙잡지 않고 멀어지는 뒷모습만 바라본다. 현실에서도 마찬가지다. 첫사랑의 기억이 고여 있는 자리를 떠나지 않은 채 첫사랑이 남긴 추억을 곱씹으며 혼자만의 환상을 간직한다.

옛사랑의 아련함은 이제 모티프에서 노스탤지어nostalgia 정서로 넘어갔다. 《허기사회》의 저자 주창윤은 허기 사회에서 사람들이 얻는 퇴행적 위로의 한 가지 양상으로 노스탤지어를 든다. 무한 경쟁 시대에서 끊임없이 에너지를 소진해 정신적 허기에 시달리게 만드는 허기 사회는 위험 사회, 유동하는 사회와 함께 신자유주의라는 범주 안에서 맥을 같이 한다. 사람들은 허기진 현재와 포기된 미래를 두고 과거로 퇴행한다. 〈응답하라 1997〉(tvN, 2012)부터 시작된 〈응답하라〉 시리즈, 〈무한도전〉(MBC, 2006~)의 '토토가(토요일 토요일은 가수다)' 열풍, 감성 주점 '밤과 음악 사이' 등의 인기는 이러한 사회적 배경과 연관성을 갖는다.

2000년대 중반 '7080' 콘텐츠가 40~50대를 대상으로 했다면, 최근의 복고 콘텐츠들은 90년대를 배경으로 20~30대를 겨냥한다. 노스탤지어를 겨냥한 콘텐츠가 만연하니 첫사랑에 대한 그리움이 만들어질 수밖에 없다. 복고 콘텐츠의 포문을 열었다고 할 수 있는 〈건축학개론〉 또한 90년대 대학가를 배경으로 첫사랑에 대한 추억을 그리고 있다. 승민은 동네에서 같은 학교로 통학하는 서연과 우연한 계기로 친해지면서 그녀를 짝사랑하게 된다. 승민의 첫사랑 이야기가 진행되는 과정에는 90년대 머리스타일과 옷차림, CD플레이어나 1기가바이트 컴퓨터 같은 소품이 향수를 불러일으킨다. 그리고 승민과 서연이 공유하던 소중한 순간에 흘러나오는 전람회의 노래 〈기억의 습작〉은 영화 전반을 지배하는 노스탤지어의 정서를 자아낸다.

　　옛사랑의 노스탤지어가 부리는 마법이 대체 무엇이기에 사람들이 위로를 받는 것일까. 감정의 나르시시즘은 노스탤지어 앞에서도 발휘된다. 사람들은 과거 열렬히 사랑했던 자신의 모습을 애정 어리게 추억한다. 개인에게 그날들은 현재보다 서툴고 순수한 열정을 지닌 지금과는 다른 모습이다. 〈건축학개론〉 역시 노스탤지어가 지닌 기억 미화의 마법을 선사한다. 승민과 서연의 과거 서사는 상당한 코미디를 동반하며 전개된다. 반면 승민과 서연의 현재 장르는 멜로다. 두 사람의 결합은 과거와 현재에서 모두 좌절되지만 과거는 보다 즐거운 로맨스로 기억된다. 첫사랑은 현재의 사랑과 마찬가지로 좌절되었지만, 노스탤지어와 결합하며 기억이 긍정된다. 현재의 연애 실패는 과거의 기억으로 보상받는다.

앞서 첫사랑 이야기를 들려준 J는 첫사랑과 오랜만에 재회했을 때 천진했던 20살로 돌아간 느낌이었다고 했다. 취업 준비로 지쳐 있던 때 그에게 찾아온 위로였다. 현실의 속도를 좇아가느라 조금은 닳고 지친 자신에게도 이어폰을 나눠 끼고 〈기억의 습작〉을 듣는 것만으로 세상이 환해지던 때가 있었다는 사실은 위로가 된다. 그 순간 위로는 사랑으로 착각되기도 한다.

반성하는 남성

주월 : 네가 이곳에 있을 때 그렇게 받고 싶어 했던 편지를 이 핑계 저 핑계 대가면서 안 쓰다가 네가 내 곁을 떠나 먼 곳으로 가고 나서야 이렇게 펜을 드네. 연재소설은 다 끝났어. 책으로도 나왔고. 너를 발견해 나가면서 느꼈던 경이와 좌절을 고스란히 담은 책이지. 미안해. 네가 그랬지, 우리는 평생 자신에 대한 오해를 해명하면서 사는 거라고. 그런 말을 할 때 네 표정이 아직도 가슴에 사무친다.

영화 〈러브픽션〉(2012)

영화 연구자 캐슬린 로우Kathleen Rowe는 '사랑이란 여성이 주인공이 될 수 있도록 할리우드가 허락한 몇 안 되는 영역'이라고 했다. 그의 말마따나 실제로 로맨스 장르 서사는 여주인공에게 무게가 실려 있다. 로맨틱 코미디 영화는 주로 여주인공의 시점에서 진행되며 여주인공 내면의 변화를 따라간다. 여성은 남성과 만나 자기 안에 있던 새로운 자아를 발견한다. 그래서 로맨틱 코미디 영화의 엔딩은 여주인공이 사랑과 일을 모두 거머쥐는 '명랑소녀 성공기'이거나, 남성에게 사랑받을 수 있는 온순한 여성성을 습득하는 '말괄량이 길들이기'로 마무리된다.

서사의 무게가 여주인공에게 기울어 있지만 여성이 온전한 주체성을 지닌 캐릭터로 표현되지는 않는다. 여주인공은 어딘가 결함이 있다. 반면 남성 캐릭터는 명랑소녀 성공기의 조력자 혹은 말괄량이를 길들이는 우월한 주체로 상정된다. 50년대 영화 〈여사장〉은 여주인공이 남주인공의 회사 상사로 등장하는 파격적인 설정을 갖지만 당시 관객층에게 충분히 수용될 수 있었던 이유는 남주인공이 도덕적으로 우월한 지위에 놓여 있었기 때문이다. 용호는 안나를 깍듯이 모시지만, 안나보다 훨씬 도덕적이고 정의로운 인물로 묘사되며 그녀의 허영을 바로잡는 역할을 한다. 70~80년대 영화에서도 시대를 고민하는 것은 남성들의 몫이었다. 반면 여주인공은 곁을 맴도는 역할에 그친다. 90년대 역시 남주인공은 철없는 여주인공을 보듬는 인물로 묘사된다.

어느 시대나 남성은 이미 성장이 완료된 인물로 표현된다. 기든스가 낭만적 사랑이 여성화된 사랑이라고 말했던 것처럼 오직 여성만이 낭만적 사랑의 영역에서 성장하느라 분투했다. 근대의 낭만적 사랑은 개인의 정체성이나 자아를 구성하는 기제였다. 여성이 가진 홈은 사랑이라는 매개체를 통해 메워지는 반면 완전체로 여겨지는 남성은 여성이 성장하기를 기다리며 성장의 조력자 역할을 할 뿐이다. 그러면서 친밀성 영역에서 스스로를 배제하고 보다 높은 위치에서 관망하

영화 〈러브픽션〉 포스터

며 여성을 유혹하거나 정복하는 테크닉 방면에서만 활동한다.

'연애 성장 서사'에 반전이 드러나기 시작한 때는 90년대 후반으로 거슬러 올라간다. 여성만의 전유물이던 성장 서사가 '반성하는 남성'의 등장으로 남녀를 가리지 않고 공유되기 시작한다. 그러니 한국 로맨스 영화는 '반성하는 남자들의 서사'라는 평론이 나온 것도 무리는 아니다. 〈찜〉(1998), 〈해가 서쪽에서 뜬다면〉(1998) 등은 남성의 시점에서 로맨스를 치열하게 고민하기 시작한 초기 영화다. 한국 최고의 로맨틱 코미디 영화로 꼽히는 〈엽기적인 그녀〉도 남주인공 견우가 그녀와의 만남을 회고하는 방식으로 진행된다. 그러다 2000년대 후반에 이르러 〈러브픽션〉, 〈시라노; 연애조작단〉, 〈내 아내의 모든 것〉(2012) 등은 아예 남성의 반성을 주요 서사로 영화의 플롯이 전개된다. 〈러브픽션〉의 남주인공 구주월(하정우 분)이 자신을 떠난 연인 희진(공효진 분)에게 절절한 반성을 담은 편지를 보낸 장면이 대표적이다. 남성은 여성과 관계를 맺으며 새로운 세계를 만나고 자신을 돌아본다. 그리고 자신의 과오를 깨닫고 성장하는 모습을 보여 주며 영화는 해피엔딩을 맞이한다.

남성성의 변화

> 주월 : 님은 내게 느낌표였고, 나는 님에게 마침표였다. 님은 날씨가 좋다 하였고, 나는 차를 렌트했다. 님은 '오늘은 왠지 슬퍼' 하였고, 나는 바로 저질 댄스 3종 세트를 작렬시켰다. 님은 때로 물음표이기도 했다. 님은 '사랑이란?' 하였고 나는 당신의 부재에 따른 공포라 답하였다.
>
> 영화 〈러브픽션〉

반성하는 남성의 등장은 남성성 자체의 변화를 암시한다. 기존 로맨틱 코미디 영화에서는 헤게모니적 남성성이 발견된다. 헤게모니는 사회에서 주도적 위치를 갖고 있는 집단의 힘을 가리킨다. 그러므로 우리 사회에서 헤게모니적 남성성은 가부장제 구조에서 지배적 형태로 수용되는 남성성을 의미한다.[9] 경제력이 출중하며 이성적이고 합리적 주체인 동시에 가부장적 권위를 지닌 강인한 남성성이 그것이다. 로맨틱 코미디 영화 속 남성들은 늘 헤게모니의 주체였기 때문에 성장의 여지도, 필요도 없었다. 〈엽기적인 그녀〉에서 여자 친구에게 쥐락펴락당하는 견우 캐릭터가 처음 나왔을 때 관객이 환호한 이유는 남성 캐릭터의 전에 없던 신선한 변화였기 때문이다.

이제는 전형화된 견우 캐릭터는 〈7급 공무원〉, 〈시라노;

연애조작단〉, 〈김종욱 찾기〉, 〈위험한 상견례〉(2011), 〈슬로우 비디오〉(2014) 등에서 꾸준히 재현되고 있다. 영화 속 남주인공은 헤게모니적 남성성과는 거리가 멀다. 경제적 능력을 갖추기는커녕 소극적이기까지 해 연애 관계의 주도권을 여성에게 넘긴다. 이들은 때로 소심하고 지질하기까지 하다.

일본에서 처음 유형을 드러낸 '초식남'은 자신의 남성다움을 과시하기보다는 초식 동물처럼 온순하고 섬세한 감수성을 드러낸다. 그런 의미에서 현대 로맨틱 코미디 남성 캐릭터는 초식남으로 분류할 수 있다. 남성성의 변화는 영화뿐 아니라 대중문화 전반에서 관찰된다.[10]

변화의 배경에는 경제적 영역에서 출발한 남성의 위기감이 존재한다. 헤게모니적 남성성은 경제력을 기반으로 삼는다. IMF 외환 위기를 맞았을 때 부계 가족주의의 실패나 가부장 권력의 약화 같은 남성성 위기에 대한 논의가 벌어진 이유가 여기에 있다. 여성은 역사 속에서 늘 헤게모니를 쥐지 못한 상대적 약자였기 때문에 위기라는 말이 적용될 수 없다. 반면 남성의 헤게모니는 경제적 위기로 인해 위협받으며 남성성의 위기 담론을 낳는다.

영화에서도 남성 캐릭터의 자신감은 경제력을 동반해 표출되었다. 90년대 카사노바 기질을 지닌 전문직 남성 캐릭터가 대표적 예다. 〈그 여자, 그 남자〉의 기자, 〈닥터 봉〉의 의

사, 〈꼬리치는 남자〉(1995)의 향수 감별사 등 남성은 사회 경제적으로 부족함이 없는 캐릭터였다. 이들은 여성을 대할 때 고압적인 태도로 일관한다. 심지어 성적 희롱도 서슴지 않는다. 가부장적 남성의 사랑이 여성에게 받아들여지며 영화는 가부장제 구조를 재생산했다. 하지만 시대적 배경과 맞물리며 로맨틱 코미디 영화 속 남주인공들의 사회 경제적 수준에도 변화가 생겼다. 대기업 회사원이나 전문직 종사자인 남주인공은 드물게 표현되고, 소득이 낮거나 일정치 않은 직업군에 종사하고 있는 경우가 대부분이다.

〈청담보살〉의 승원은 경마장에서 말 오줌을 받는 아르바이트를 하며 월세도 제때 내지 못한 채 근근이 입에 풀칠만 하는 정도로 묘사된다. 〈나의 PS파트너〉의 현승(지성 분)은 돈도 못 버는 음악 밴드 생활을 접고 작은 회사에 취직하지만 늘 성과를 내지 못하고 구박만 받는다. 〈티끌 모아 로맨스〉의 지웅 역시 잘하는 것 하나 없는 백수다. 나아가 여주인공이 관계의 헤게모니를 차지하는 경우도 종종 발견된다. 〈7급 공무원〉의 재준은 높은 학력과 좋은 직업을 가졌지만, 같은 직종에 종사하는 수지에 비해 훨씬 뒤떨어지는 직업 수행 능력을 보여 준다. 심지어 위기 상황에서 수지에게 구조되기도 한다. 〈티끌 모아 로맨스〉의 지웅은 홍실에게 끌려다니며 생존 방법을 전수받고, 〈김종욱 찾기〉, 〈러브픽션〉, 〈위험한 상견례

2)(2015) 등에서도 남주인공이 여주인공보다 뛰어난 경제성을 갖지 못하는 것으로 묘사된다.

더 이상 남성이 생계 부양자의 권위를 지닌다고 볼 수는 없다. 권위를 잃은 남성은 친밀성 영역에 여성과 동등한 위치로 불려 와 '연애 성장 서사'를 공유한다. 이제 남성은 여성을 정복의 대상으로 볼 수 없다. 여성은 협의의 대상이자 남성 자신이 간택받기 위해 노력을 기울여야 하는 존재다. 그래서 끊임없이 자기 내면과 연인의 목소리에 귀 기울이며 연애 과정을 성찰한다.

그러나 연애 관계 속 '정상 이데올로기'는 여전히 가부장적 구도다. 영화는 부분적으로 남성 캐릭터의 변화를 코미디 요소로 다루고 있다. 여성에 비해 경제적 지위가 낮거나 연애를 주도적으로 이끌지 못하는 남성을 우스꽝스럽게 묘사하며 남녀 관계에서 남성이 권력을 쥐지 못하는 상황을 비정상적인 것으로 표현한다. 반성하는 남성의 등장은 의미 있는 변화지만, 친밀성 영역에서 남녀 간 평등이 실현되기는 아직 요원해 보인다.

사랑의 아나토미

남자 : 조기 축구 끝나고 아이스커피 한잔 마시려고 갔다가

그 여자를 봤죠. 제가 조기 축구계의 베컴이니 어쩌니 뭐 이
런 얘기도 듣는데, 이상하게 그 여자 만난 이후로는 프리킥도
삑사리 나고. 원래 이… 사랑이 원래 이렇게 좀 사람을 망가
뜨리고 그럽니까?

영화 〈시라노: 연애조작단〉

이제 막 연애 성장 서사를 쓰기 시작한 남성들은 이야기를 통
해 로맨스를 풀어낸다. 남성의 연애 서사는 말 그대로 '서사를
만드는 작업'을 통해 이루어진다. 영화 전체를 통괄하는 로맨
스 서사가 다뤄지는 동시에 남주인공 스스로 자신의 로맨스
를 글, 노래, 만화 등으로 서사화한다.

제목부터 로맨스 서사의 느낌이 물씬 풍기는 영화 〈러
브픽션〉의 남주인공 주월의 직업은 소설가다. 주월은 자신과
연인 희진을 여주인공으로 상상하며 느와르 소설을 써 내려
간다. 주월과 희진의 서사는 주월의 소설 속 마 형사(하정우
분)와 혜영(공효진 분)의 서사와 함께 진행된다. 〈시라노: 연
애조작단〉에서는 연애 에이전시를 찾는 남성들이 사랑에 빠
지면서 겪는 황홀과 혼란에 대해 들려주면 에이전시 직원들
이 각본을 써준다. 〈쩨쩨한 로맨스〉(2010)와 〈위험한 상견례
〉 남주인공은 모두 만화가로 연인을 여주인공으로 상상하며
만화를 만든다. 〈나의 PS 파트너〉의 현승은 윤정에 대한 이야

기를 노래로 만든다. 수없이 많은 영화에서 남성은 자신의 로맨스를 어떠한 방식으로든 서사화한다. 왜?

앞서 기든스는 '로맨스'라는 단어 자체에 '이야기한다'는 의미가 함축되어 있고, 낭만적 사랑과 소설이 비슷한 시기에 탄생했다고 말한 바 있다. 그러나 로맨틱 코미디 속 남성들이 표현한 서사는 기든스가 말한 낭만적 사랑의 서사가 담긴 근대 로맨스 소설과는 구분된다. 문학 비평가 노드롭 프라이 Northrop Frye는 산문 문학 장르를 소설, 로맨스, 고백, 아나토미 anatomy로 나누어 설명한다. 기든스가 말한 낭만적 사랑의 서사가 로맨스에 속한다면 현대 로맨틱 코미디 속 남성들의 서사는 아나토미 영역으로 볼 수 있다. 아나토미 장르는 본래 아나토미가 가진 '해부'라는 원뜻에 걸맞게 어떤 관념을 섬세하게 해체하고 해석하는 글쓰기 방식을 의미한다. 알랭 드 보통 Alain de Botton의 소설을 생각하면 쉽게 이해할 수 있는데, 사랑의 아나토미는 남녀 관계의 국면을 구체적으로 다루면서 사랑이라는 감정의 속성을 들여다보는 서사 방식을 취한다.[11]

그러므로 로맨틱 코미디 속 남성들의 서사가 근대 낭만적 사랑의 서사를 재소환하는 것은 아니다. 오히려 '~한 상황에 놓이면 필연적으로 사랑에 빠지게 된다'는 해석이 지속적으로 이루어지는 사랑의 아나토미는 운명과 우연의 화법을 지닌 낭만적 사랑의 신화를 해체한다. 〈시라노; 연애조작단〉

은 이 과정을 뚜렷하게 보여 준다. 영화는 의뢰인이 연애 관계를 맺는 데 성공하기 위한 각본을 짜주는 연애 에이전시가 배경이다. 에이전시 직원들이 '억지로' 만들어 낸 특정한 플롯 장치에 의해 사랑이 이룩되는 과정을 보여 주며 영화는 낭만적 사랑의 환상을 깨트린다.

> M : 그녀와의 관계도 처음부터 다시 시작하고 싶은 거야?
>
> 주월 : 너무 늦었어요, 이제. 전 또 실패했어요.
>
> M : 포기가 빠르군 그래. 뭐, 그것도 자네의 선택이니까.
>
> 주월 : 가시게요?
>
> M : 어.
>
> 주월 : 아니, 그냥 가시면 어떡해요?
>
> M : 이미 실패를 선언한 베르테르에게 내가 무슨 볼일이 더 남았겠나.
>
> 주월 : 그럼 마지막으로 저에게 해줄 얘기 없어요?
>
> M : 그냥 저수지에 빠져 뒤져 버려, 이 병신아.
>
> 영화 〈러브픽션〉

사랑의 아나토미는 비로소 남성이 자신의 로맨스에 대해 깊이 고찰하게 만든다. 연애 관계의 당사자인 동시에 관찰하고 서술하는 제3자의 역할도 맡게 되며 감정을 넘어서 로맨스 자체를 성찰할 수 있게 되었다. 기든스와 테일러가 자기 성찰성의 주요한 실천적 특징으로 꼽았던 일기 쓰기와도 유사한 방식이다. 〈러브픽션〉에는 의문의 남성 M(이병준 분)이 등장한다. M은 주월이 있는 곳 어디든 나타나며 주월의 눈에만 보이고 주월의 귀에만 들린다. 연애 고비마다 등장해 조언을 해주는 M은 주월의 내면에 숨어 있는 또 다른 목소리다. 다툼 후 희진을 떠나보낸 주월은 M의 목소리를 빌려 자신의 근성 없음을 꾸짖는다. 그리고 희진에게 사과하러 나선다. 자신과의 대화를 통해 스스로 성찰할 기회를 갖고 그로부터 사랑을 다져 나갈 힘을 얻는다.

　　사랑을 위해 남성들이 밀린 일기를 쓰기 시작했다. 남성이 써 내려간 서사의 완성은 자기 사랑의 확신을 되찾고 연인을 되찾으러 나서는 장면과 교차된다. 소설, 만화, 음악 등 장르 여부에 상관없이 남성이 만든 작품은 자기 연애를 돌아보는 거울로 작용한다. 자신이 소홀했거나 포기하려 했던 사랑에 대한 믿음과 의지는 작품을 통해 다져진다. 남성이 써 내려간 일기는 남녀를 동등한 위치에 세워 둘의 연애가 지속될 수 있는 동력이 되어 준다.

낭만의 해체, 그 후 사랑을 말하다

낭만적 사랑의 해체

> 재필: 영화나 드라마에서 주인공들이 왜 멋있는 대사와 행동을 하는 줄 아십니까? 대본이 있으니까요.
>
> 병훈: 현실은 대본이 없기 때문에 늘 실수투성이고 초라한 겁니다.
>
> 영화 〈시라노; 연애조작단〉

신자유주의 시대의 연애 실패는 낭만적 사랑의 불가능성을 확인해 준다. 〈시라노; 연애조작단〉은 로맨스가 지닌 허구적 낭만성을 지적한다. 영화 속 연애 에이전시 직원들은 의뢰인의 사랑 고백이 성공할 수 있도록 대본을 써주고, 적절한 조연과 카메오를 찾아 준다. 심지어는 장소 섭외와 비 내리는 풍경을 배경 삼아 로맨틱한 분위기를 만들고자 강수 확률까지 체크해 준다. 우리는 영화를 보며 낭만적 사랑에 얼마나 터무니없이 많은 우연과 환상이 동반되어야 하는지 다시 한번 깨닫는다.

근대의 낭만적 사랑은 가고, 이제 로맨스는 시장의 논리에 따라 움직인다. 우리는 연애의 역사가 축적되고 다양한 로맨스 콘텐츠가 생성되는 것을 목격했다. 그러면서 로맨스의 기승전결을 넘어 그것이 제공하는 환상성까지 인식하게 되었다. 고무공처럼 어디로 튈지 모르는 상대의 마음을 뒤로한 채 영원한 운명적 사랑을 노래하는 것은 순진하기 짝이 없는 행위다. 그럼에도 불구하고 연애는 많은 이들의 일상 속 화두다. 수많은 연인들은 여전히 자신들의 로맨스를 이어 나가고 있다. 이들의 연애를 지속케 만드는 동력은 대체 무엇일까.

낭만적 사랑의 신화가 해체된 자리에 새로운 연애의 이상향이 정립된다. 현대 로맨틱 코미디 영화는 우리에게 새로운 이상향의 단서를 제공한다. 아이러니하게도 영화는 운명과 환상이라는 전통적 사랑의 가치를 플롯의 주요 장치로 삼는다. 물론 운명과 환상의 레토릭은 과거의 그것과는 다른 형태를 띤다. 어느 지점에선가 변형되어 새로운 관습과 서사를 만들어 낸다. 바로 여기서 오늘날 연인들의 사랑을 지속시키는 새로운 가치를 찾을 수 있다.

너는 내 운명

승원 : 운명이 뭐 어쨌다고, 맨날 운명 타령이야!

영화 〈청담보살〉

'운명의 붉은 실' 이야기를 아는가. 사람은 누구나 태어날 때 새끼손가락에 보이지 않는 붉은 실을 묶고 태어나 실의 반대쪽에 새끼손가락이 엮여 있는 운명의 상대와 만나게 된다는 일본의 오래된 민담 말이다. 운명적 상대라는 소재는 오랫동안 낭만적 사랑의 강력한 기제로 이용되어 왔다. 낭만적 사랑을 지나 합류적 사랑의 단계에 접어든 현대 사회와 모순되게 최근 로맨틱 코미디 영화에서는 '단 하나 뿐'인 운명적 상대를 찾아 나서는 이야기가 자주 발견된다.

〈청담보살〉의 여주인공 태랑은 스물여덟 살이 되기 전에 운명의 남자를 만나야만 액운을 피할 수 있는 사주를 타고났다. 어느 날 우연한 교통사고로 승원을 만나게 되고, 승원이 자신의 사주에 있는 '1978년 5월 16일 밤 11시생 남자'라는 사실을 알게 된다. 태랑은 가진 것 하나 없는 승원이 운명의 남자라는 이유로 사랑을 구걸한다. 〈김종욱 찾기〉 역시 운명을 소재로 한다. 여주인공 지우는 여행지에서 우연히 만나 함께 여행을 한 첫사랑을 운명의 상대로 여기며 오랜 시간 잊지 못하고 지낸다. 우여곡절 끝에 그 사람을 다시 찾아 나서기에 이른다. 사주와 운명이라는 다소 전근대적인 요소가 현대 로맨스에 끼어들게 된 이유는 무엇일까. 구시대적 사랑의 화법을 우리는 아직 벗어나지 못한 것일까.

이수 : 이 곡 틀어서 깜짝 놀랐어요.

우진 : 왜요?

이수 : 나랑 좀 비슷한 것 같아서요, 우진 씨.

영화 〈뷰티 인사이드〉

　　질문에 답부터 하자면 '아니다.' 운명은 절대적이지 않다. 운명은 유동한다. 현대의 개인은 하늘이 내려 준 운명을 수동적으로 수용하며 살아가지 않는다. 물론 운명이 여전히 사랑의 고귀성과 낭만성을 더해 주는 요소로 인식되는 것은 사실이다. 그러나 개인은 운명을 고정된 형태로 받아들이기보다는 의지나 노력과 결합해 수용한다. 그래서 오늘날 개인이 찾는 운명의 상대는 하늘이 내려 준 사람이 아닌 '취향이 일치하는 사람'을 의미한다. 복잡하고 다원화된 로맨스 시장에서 운명 화법은 나와 맞는 상대를 알아보는 방법으로 활용된다. 개인의 취향이 섬세하게 계발되고 있는 오늘, 취향 일치는 운명적 만남의 단서가 된다. 〈시라노; 연애조작단〉은 운명을 적극 활용한다. 연애 에이전시는 희중의 마음을 얻고자 하는 의뢰인을 위해 그녀의 취향을 파악해 준다. 그리고 의뢰인이 그녀의 관심을 끌 수 있는 주제로 대화를 이어 나가도록 돕는다.

　　운명을 노래하던 다른 영화들도 운명 자체를 절대적으로 수용하는 결론을 내놓지 않는다. 〈청담보살〉에서 사주를 믿고 승원에게 사랑을 갈구하던 태랑은 승원의 출생 시간이 주민등록상의 출생 시간과 다르다는 사실을 알게 되었다. 그러나 태랑의 마음은 이미 승원이 운명의 상대든 아니든 상관없다. 운명에서 자유로워지자 둘의 사랑은 결실을 맺는다. 〈김종욱 찾기〉에서도 첫사랑을 잊지 못해 찾아 헤매던 지우에게 그를 찾을 수 있는 정보가 충분히 많았다는 사실이 뒤늦게 밝혀진다. 지우가 첫사랑을 찾는 행위에만 그친 채 용기를 내지 못했던 이유에는 첫사랑을 찾았지만 운명이 아니면 실망할 '자신'이 있었다. 그녀에게 중요한 것은 운명적 상대가 아니라 운명 '그 자체'였기 때문에 지우는 첫사랑을 그리워만 하고 있었다. 그래서 영화 말미에 지우와 사랑의 결실을 맺는 사람은 첫사랑 김종욱이 아닌 그녀의 첫사랑을 함께 찾던 기준이다. 지우가 기준과 사랑에 빠지면서 운명이라는 가치는 김종욱에서 기준으로 넘어간다. 운명은 개인의 마음에서 자유롭게 유동할 수 있기 때문에 운명적 가치를 부여할 대상이 언제든 바뀔 수 있는 것이다. 영화 에필로그에서 감독은 지우와 기준이 과거에 운명적으로 조우했던 장면을 보여 주며 운명은 절대성을 띠지 않고 상대적이고 복수적일 수 있음을 암시한다.

상용 : 희중 씨, 사랑합니다. 사랑합니다. 사랑합니다. 이건 제 말입니다. 그러니까, 날것 그대로의 제 마음이에요. 뭐 꾸미고 사시고 할 것도 없이 제 마음은 이 한마디뿐입니다.

영화 〈시라노; 연애조작단〉

연애인들은 더 이상 큐피드에게 운명의 화살을 맡기지 않는다. 연애 에이전시는 희중과 상용을 운명적 연인으로 엮기 위해 고군분투했지만 노력은 번번이 좌초했다. 그럼에도 희중과 상용은 연인이 되는데, 희중의 마음을 얻은 결정적 계기는 자신도 모르게 튀어나온 상용의 진심이다. 각본을 잊은 상용이 자신의 마음을 누르지 못하고 뱉어 낸 사랑 고백은 희중에게 더 절실히 와 닿는다. 사실 희중은 상용이 연애 에이전시의 힘을 빌려 연기를 해댄 사실을 이미 알고 있었다. 연애 에이전시가 만들어 준 운명의 계기들은 무력했을지라도, 운명의 힘까지 빌리려 한 상용의 노력과 진심은 희중을 감동시키기에 충분했다.

운명의 레토릭을 압도하는 개인의 노력과 믿음은 한겨울 꽁꽁 얼어 버린 철문마저 녹인다. 가만히 앉아 나의 'Mr. Right'을 기다리는 시대는 저물었다. 지금 내 앞에서 나와 관계를 맺고 있는 사람을 믿고 관계를 이어 나가기 위한 노력을 기울이는 과정이 현대의 운명적 사랑이다.

로맨스로 공포 견디기

유진 : 로맨틱 코미디를 보면 말이야, 사랑하는 남녀 사이에 꼭 장애가 하나씩 나와. 신분의 차이, 부모의 반대, 성격 차이 같은

거. 그러니까, 넌 좀 독특한 장애가 있다고 생각하면 어떨까?

서로 다른 장르가 만나 기존의 이데올로기를 전복하며 탄생한 로맨틱 코미디 장르가 또 다른 장르와 융합하기 시작했다. 그 것도 로맨스와는 영 어울리지 않는 판타지, 공포, 스릴러 등과 말이다. 등장인물이 인간이 아니거나, 로맨스 진행 과정에 공 포나 스릴러가 가미되는 현상은 최근 영화·드라마의 트렌드 로 자리 잡기 시작했다. 드라마 〈구가의 서〉(MBC, 2013)의 주 인공은 반인반수고, 〈별에서 온 그대〉(SBS, 2013)의 주인공은 외계인이다. 〈주군의 태양〉(SBS, 2013)의 주인공은 귀신을 보 고, 〈킬미, 힐미〉(MBC, 2015)와 〈하이드 지킬, 나〉(SBS, 2015)는 주인공을 해리성 인격 장애를 앓는 다중 캐릭터로 설정했다.

이들의 연애가 무탈할 리 만무하다. 그래서 가혹한 사 랑의 장애물을 함께 견뎌 내는 두 남녀의 끈기 있는 사랑은 관 객의 관전 포인트가 된다. 〈오싹한 연애〉는 귀신을 보는 여자 여리(손예진 분)와 그녀를 사랑하게 된 조구(이민기 분)가 역 경을 이겨 내고 로맨스로 향하는 여정을 그린 영화다. 조구는 귀신이 된 친구에게 괴롭힘을 당하는 여리를 사랑한다. 귀신 은 그런 조구마저 괴롭힌다. 사랑에 장애물이 있어야 더 단단 한 사랑이 된다고들 하지만 영화가 설정한 장애물은 무려 귀신이다. 영화가 두 세기 전에 나왔다면 직업이 마술사인 조구가 마법을 발휘해 귀신을 물리치고 사랑을 이루어 냈을지 모른다. 낭만적 사랑이 흐르던 시기에는 왕자의 입맞춤으로 백설 공주가 깨어나고 미녀의 진정한 사랑으로 야수가 왕자로 변하기도 했듯 말이다. 그러나 영화는 장애물을 타파하는 방법으로 '마법과도 같은 사랑'을 제시하지 않는다. 여리는 영화의 스크롤이 올라갈 때까지 귀신을 보지만, 조구는 연인이 지닌 결함을 감내하고 함께 공포를 견뎌 내며 사랑을 이룩한다.

조구 : 공포 영화의 여주인공들은 사랑을 안 해요. 희한하죠?

여리 : 에이 씨. 공포 영화 여주인공이 사랑을 하면 그게 멜로지, 공폰가? 이 바보팅이.

조구 : 왜? 걔네는 사랑하면 안 되나?

여리 : 공포 영화의 여주인공이 사랑을 하면 하나도 무섭지가 않잖아요. 옆에 누가 있는데 무섭겠어요?

영화 〈오싹한 연애〉

이수 : 우진아, 나 이제 괜찮아.

우진 : 너 또 아플 거야.

이수 : 응, 근데 아픈 거보다 네가 없는 게 더 힘들더라.

영화 〈뷰티 인사이드〉

귀신은 아니지만, 매일 외모가 바뀌는 희귀병을 장애물로 설정한 〈뷰티 인사이드〉 역시 같은 감동을 자아낸다. 남주인공 우진의 외모가 매일 변하며 이수는 연인의 유일성을 경험하지 못해 힘들어하고 정신과 치료까지 받게 된다. 결말에 이르도록 우진이 가진 병은 낫지 않지만 이수는 모든 고통을 수용하고 우진과 사랑을 이어 가기로 마음먹는다. 실제 연애에서도 낭만적 사랑이 공포와 장애를 해결하기 어려운 경우가 많다. 현실 속 공포는 영원히 제거하지 못할 수도 있다. 그러나 〈오싹한 연애〉에서 친구 유진의 말처럼 공포를 그저 '독특한 장애'의 하나로 인식하고 사랑으로 함께 감내하면 그 길 역시 꽃길이다.

낭만적 사랑의 서사가 해체된 후 연인의 사랑을 증명하는 방법은 이들 앞에 보다 더 가혹한 장애물을 세우는 것이다. 따라서 로맨스에 판타지적 요소가 도입되는 장르를 단순히 콘텐츠 산업의 발전이나 기술 발전으로 구현이 가능해진 최신 트렌드라고 이해해서는 안 된다. 공포를 비롯한 장애 요소는 새로운 사랑의 이상향을 담아내기 위한 보조적 장치prosthesis다. 영화에서 장애물은 공포나 판타지로 표현되었지만, 신자유주의 시대 연애하는 청년들에게 공포는 귀신과 같은 실체 없는 막연한 두려움이 아닌 피부에 와 닿는 경제적, 물리적 고통이다. 이들의 실체적 공포는 마법 같은 사랑의 서사로 극복되지 않는다. 그러나 극복하지 못한다고 해서 사랑의 서사가 끝나는 것은 아니다. 서로가 가진 장애를 안고 함께 사랑을 향해 나아갈 때 새로운 사랑의 이상향이 탄생한다.

최후의 보루, 연애

> 지웅 : 생각해 봤는데, 2억, 너 혼자 5년 동안 모았잖아. 그니까 앞으로 너랑 나랑 같이 모으면 2년이면 다시 모을 수 있을 거야. 내가 무슨 일이 있어도 그 돈 다시 모아 줄게, 홍실아.
>
> 영화 〈티끌 모아 로맨스〉

신자유주의 시대에 연애하는 우리를 보며 누군가는 낭만의 종언을 외칠지도 모른다. 로맨스 관계를 강제하던 힘이 사라지자 연애는 부유한다. 신자유주의 한국 사회의 경제 구조는 상충하는 가치 사이에 연애를 올려놓고 연애 주체들에게 끊임없는 조율과 타협을 요구한다. 인격적 관계에서 요구되는 덕목과 비인격적 관계에서 요구되는 덕목을 하나의 정체성 안에서 적절히 발휘하길 바란다. 마음의 진정성과 시장주의적 사고방식 사이에서 현명한 선택을 내려야 한다. 젠더 분업이나 헤게모니적 남성성을 완전히 떼어 내지 못한 근대적 이데올로기와 동등한 남녀 관계를 지향하며 쿨한 사이를 말하는 현대적 관계 양식 사이를 오간다. 이 과정에서 포착되는 어려움은 결혼의 유예, 자기중심적 연애, 썸과 같은 유동적 관계의 반복 등의 문제로 구체화된다. 그리고 이는 연애 불가능성 담론으로 귀결된다.

연애 불가능성 담론은 연애 욕구의 폐기를 의미하지는 않는다. 여전히 많은 사람들이 사랑에 빠지고 연애를 한다. 담론은 사회 구조가 낳은 결과이지 개인의 욕구에서 발현된 것은 결코 아니다. 연애가 불가능하다고 말하는 사회를 향해 연애인들은 보란 듯이 새로운 연애의 규칙과 이상향을 만들어내며 연애 불가능성 담론에 균열을 낸다. 그 균열은 개인의 노력과 의지에서 비롯된다.

연애는 최후의 보루다. 현실의 어려움을 극복하는 것이 불가능해진 가운데 노력에 대한 응답을 받을 수 있는 유일한 존재가 사랑이다. 그리고 노력과 응답은 개인이 일말의 능동적 주체성을 발휘할 수 있는 기회를 제공한다. 울리히 벡이 현대 사회의 사랑을 유대의 방식이자 안식처이며 신흥 종교라고 말한 것처럼 연애는 그만큼의 위안을 제공하는 듯 보인다. 연인들은 그 위안의 영역을, 최후의 보루를 지키기 위해 고군분투한다. 고군분투의 흔적인 많은 현재 진행형의 연애 관계와 개인의 주체성은 'N포'로 표현되는 신자유주의 시대의 비관적 담론에 대한 반증이다.

자본주의의 탈을 쓴 악마의 소굴로부터 개인의 노력과 의지라는 희망적인 동력을 발견했으니, 우리는 이제 안심하고 로맨틱 코미디의 해피엔딩 같은 현실을 기다리면 되는 것일까.

"노오력 해도 흙수저" 청년 취업난과 계급 불평등을 반영하는 신조어가 쏟아져 나오는 오늘이다. '수저 계급론'은 '금수저 물고 태어났다'는 관용구에서 파생된 표현으로, 사람들의 사회 경제적 지위를 금수저, 은수저, 흙수저 등에 비유해 분류한다. 분류 기준은 부모의 경제 수준에 있다. 개인의 노력으로 계층의 사다리를 오를 수 있었던 시대는 끝나고, 빈부의 대물림이 일어나는 현실을 반영한다. '흙수저'는 서민 계층을 총칭하는 말로, 대기업 취직이나 공무원 시험에 합격하지 못하는 이상 흙수저 계급을 유지해야 한다고 여겨진다. 자수성가의 신화를 경험했던 일부 기성세대는 계급 이동의 불가능이 청년 세대의 노력 부족에서 비롯한다고 비난한다. 청년들은 그에 '노오력' 해보겠다고 답한다. 그냥 노력 말고 '노오력', 더 나아가 '노오오력'을 하겠다는 청년들의 비아냥에는 더 나은 삶으로 나아가기 어려운 사회 구조적 문제를 노력 부족 탓으로 돌려서는 안 된다는 항변이 서려 있다.

그러니 개인의 노력으로 간신히 연애를 지속해 나가는 청년들을 박수나 치며 흐뭇하게 바라볼 일이 아니다. 영화 속 연인들이 손을 맞잡았다 해서 마냥 무지갯빛 미래가 보장되지는 않는다. 〈티끌 모아 로맨스〉의 가난한 두 남녀는 힘들게 벌었던 돈을 다 잃고 다시 극빈의 상태로 돌아간다. 5년 동안 하늘이 노래지도록 노력해 모은 돈을 몽땅 잃은 홍실에게 지웅이 할 수 있는 사랑 고백은 "부담을 나누어 갖자" 정도다. 감동적으로 보이지만 불편한 감정이 남는 건 어쩔 수 없다. 턱 끝까지 차오르는 절망을 뒤로한 채 젖 먹던 힘을 다해 살고 사랑한 지웅과 홍실에게 주어진 해피엔딩이 고작 부채에 대한 연대 책임이라니. 입꼬리는 올라갔지만 한없이 처진 눈에 눈물이 맺힌 피에로가 생각나는 건 왜일까.

에필로그   우리 그냥 사랑하게 해주세요

신자유주의 한국 사회에서 연애가 어떤 잠재적 힘과 상상력을 가질 수 있을까. 발상의 출발점이었다. 근대 자유연애가 처음 등장했을 때 그것이 지닌 정치적 힘은 막강했다. 기존의 강압적인 가부장제 결혼 제도를 폐기하고, 국가나 교회로부터 여성의 결혼과 출산을 해방시켜 성숙하고 자유로운 소통을 가능케 했다.

현대 한국 사회의 연애는 어떤지 궁금해 대중 미디어가 투영한 현실과 실제 인터뷰를 바탕으로 새로운 연애 관계 지형도를 그려 보았다. 낭만적 사랑이 지나간 자리에 연애 주체들이 남아 신자유주의 논리를 체득하고 그것과 타협하며 새로운 관계를 맺는다. 개인을 상품화하고 연애를 자본화하는 방식은 다소 냉혹하다. 그러나 이것 또한 개인 주체성의 발현이다. 개인의 고유한 가치가 받아들여지지 않는 사회 체제에서 약자로 희생당하기보다는 생존의 논리를 체득해 관계를 맺어 나가는 모습이야말로 신자유주의적 주체라 할 수 있다.

연애는 인간관계를 물화시키는 세상의 논리에 맞설 관계 맺기의 가능성을 보여 준다. 관계 맺기 방식은 노력과 의지를 기반으로 삼는다. 등 떠미는 세상에 주눅 들지 않고 연애를 최후의 보루로 삼아 마주 버티는 청년들의 연애를 과연 바람직하고 건강한 관계로 볼 수 있을까. 사회가 마땅히 제공해야 할 안정적 조건의 공백을 개인이 기를 쓰고 채워 나간다. '

적자생존이니 각자도생하라'는 구호가 메아리치는 가운데서
도 청년들은 연애를 통해 개인의 고유한 가치를 인정하고 타
자와 유대 맺는 법을 배운다.

연애가 불가능하고 포기된 세대로 호명되는 청년들이
지만 강렬한 연애의 갈망이 목구멍으로 솟아오르는 것을 누
구도 막지 못한다. 구름의 가장자리에서 새어 나오는 빛처럼,
연애를 향한 그들의 욕구와 희망은 청년 세대를 둘러싼 비관
적 담론과 물적 조건에 맞서 긍정적 미래를 비춘다.

〈저출산 극복을 위한 남녀 만남 기회 제공〉

① 대상 : 공무원, 공사·공단 등 근무 미혼 남녀

② 시기 : 격월 1회(연간 6회), 1회 20~30쌍

고투하는 연애 주체들 너머 표류하는 정책이 눈에 띤다.
2016년 보건복지부는 '제3차 저출산·고령사회 기본계획'에
지방 자치 단체의 지역 사업 계획을 욱여넣었다. 지자체는 저
출산 극복을 위한 남녀 만남 기회 제공을 위해 약 3000만 원
의 예산을 투입했다. '미혼 남녀 결혼 캠프', '미혼 남녀 인연
만들기', '미혼 남녀 맞선 프로그램' 등 다양한 이름을 가진 유
사한 사업이 전국 곳곳에서 많게는 건당 수천만 원의 예산을
들여 운영되고 있다. 이런 전시성 이벤트를 포함해 저출산 대

책 관련 사업 비용이 한 해 3조 원에 달한다.

국가가 나서서 인생의 반려자를 찾아 준다니, 고마워라도 해야 하나. 정부가 뭔가 단단히 착각하고 있다. 청년들은 국가가 직접 나서 자신들의 짝을 맺어 주기를 바라는 것이 아니다. 최악의 상황에서도 청년들은 어떻게든 연애를 해나가고 있다. 국가는 연애를 어떻게든 해나가야 하는 사회가 아니라 처지가 어떻든 연애할 수 있는 사회를 만들어 주어야 한다. 그러나 현재 정부 정책은 국가와 가족의 그늘을 간신히 벗어난 연애를 다시 국가가 주관하려는 시대 역행적인 발상이다. 사적 영역에 공적 영역의 개입을 늘려 친밀성의 자유를 제한하는 정책에 불과하다.

고스펙·고소득 여성을 비혼과 만혼, 그리고 저출산의 주범으로 몰아세워 여성들의 스펙 쌓기를 국가가 나서서 막아야 한다는 한국보건사회연구원의 보고는 더욱 한심하다. 유리 천장, 유리 절벽 등 기울어진 운동장 위에서 뛰는 여성들에게 운동장을 바로잡아 주기는커녕 운동장 밖으로 몰아내 연애와 결혼만 바라보게 만들려는 발상을 어찌 이해해야 할까. 자유롭게 관계를 맺고 소통할 수 있는 사회적 조건이 마련되어 있지 않다는 사실은 간과한 채, 국가 노동력의 재생산이 이루어지지 못하는 상황만 우려한 정책이 지니는 필연적 한계다.

연애마저도 기를 쓰고 노력해야 하는 사회다. 연애 가

능한 사회, 결혼 가능한 사회를 만들기 위해서는 현재 연애와 결혼에 문제를 겪고 있는 세대를 살펴야 한다. 청년이 시작점이어야 하는 이유다. 정부 정책은 노력에 합당한 소득을 얻을 수 있는 상식적인 사회, 일과 가정이 양립할 수 있는 사회, 여성이 출산과 육아에 자신의 삶을 저당 잡히지 않아도 되는 사회를 향해야 한다. 그리고 이런 사회를 요구할 줄 아는 청년 세대가 되어야 한다.

자유롭게 사랑하고 연애할 수 있는 건강한 사회를 꿈꾸며, 부디 당신의 연애에 안녕을 빈다.

주

1 _ 이기훈은 《청년아 청년아 우리 청년아》를 통해, 젊은 세대라는 뜻의 청년 개념이 용어로 도입된 후 국가 권력과의 관계 속에서 어떻게 발달하고 분화되어 왔는지를 밝혔다.

2 _ 우석훈과 박권일의 책 《88만원 세대》에서 처음 제시된 용어다. 20대를 대표하는 용어로 자리를 잡았다. 유럽의 상황도 크게 다르지 않다. 유럽에서는 월 1000유로로 궁핍하게 생활하는 청년을 '천 유로 세대'라고 지칭한다.

3 _ 최철웅의 논문 〈20대, 냉소적 속물들의 인정 투쟁〉은 대학가의 생존 투쟁을 포착한다. 학교 이미지 관리나 스펙 쌓기를 둘러싼 인정 투쟁이 벌어지고 있는 학교는 '냉소적 속물'들이 존재하는 곳이다.

4 _ 요스타 에스핑-안데르센(Gøsta Esping-Andersen)은 저서 《끝나지 않은 혁명》에서 여성 생애 주기의 남성화로 인해 나타난 가족과 여성 역할의 혁명적 변화를 서술한다. 그러나 이 혁명은 경제적 구조에서의 변화에 그칠 뿐 여전히 전통적인 젠더 규범은 작동하고 있어서 미완의 혁명이다. 젠더 불평등은 지속되고 있다.

5 _ 국문학자 권보드래는 한국의 1920년대를 '연애의 시대'라고 부른다. 근대 사회에서 개인의 자유가 대두되고 연애가 유행하기 시작하던 풍경에 대한 논의는 권보드래의 여러 저작을 참조할 만하다.

6 _ 이윤희의 논문 〈장르 혼합이 가지는 전복적 효과에 관한 연구〉는 장르가 혼합되는 과정에서 지배 이데올로기에 반하는 전복적인 요소가 생산되는 과정을 영화 〈과속 스캔들〉(2008)을 통해 보여 준다. 장르 혼합은 단순히 영화 텍스트 차원을 넘어, 사회의 억압적인 제도나 규범에 균열을 낸다는 점에서 사회적인 의의를 지닌다.

7 _ 윤성은의 책 《로맨스와 코미디가 만났을 때》는 한국 로맨틱 코미디 영화의 계보를 상세히 기술해 놓았다. 그는 한국 로맨틱 코미디 영화의 뿌리를 전통적인 희극 공연과 희극 영화에서 찾고 있다.

8 _ 에밀 뒤르켐(Emile Durkheim)은 '내부에 존재하는 외부(extérieur-intérieur)'라는 개념을 처음 제시했다. 그에 근거해, 사회학자 김홍중은 가장 내밀한 것이 외적인 것의 영향 속에서 작동하는 양태를 외밀성이라고 정의 내리고 마음이 곧잘 외밀성의 논

리를 따른다고 말했다.

9 _ 레윈 코넬(Raewyn Connell)은 〈남성성/들(Masculinities)〉에서 헤게모니적 남성성을 고정된 성격의 것이 아니라 사회 내 기존 젠더 패턴에서 헤게모니적 위치를 차지하는 남성성이라고 보았다. 그가 처음 이 개념을 내놓았을 때 수많은 논의를 불러일으켰다.

10 _ 김수아와 홍종윤은 힙합 장르의 변화를 연구했다. 〈한국 힙합에 재현된 남성성의 변화와 연애 서사〉에 따르면, 과거 힙합은 헤게모니적 남성성을 표출하는 음악 장르로 꼽혔지만, 최근 힙합은 사랑에 목매는 유약한 주체들의 고백이 주를 이룬다. 또한 안상욱은 〈한국 사회에서 '루저 문화'의 등장과 남성성의 재구성〉에서 TV 예능 프로그램 〈무한도전〉이 속칭 '루저(loser)'로 표상되는 남성들을 내세우고 있다는 점에 주목한다. 정신적으로든 물질적으로든 무언가 빈약한 남성성이 확산되고 있다.

11 _ '사랑의 아나토미'는 문학평론가 신형철이 《씨네21》에 기고한 평론에서 사용한 표현이다. 그는 〈500일의 썸머(500 Days of Summer)〉나 〈시라노; 연애조작단〉 같은 일부 로맨틱 코미디 영화들이 사랑을 해부해 보는 문법을 보여 준다는 점을 발견했다.

그는 차일피일 만남을 미루었다. 어디에도 적을 두지 못해 남 보기가 거북했다. 낮에는 열람실 구석에 숨어 영어 단어를 외웠고, 밤이면 좁다란 방에 누워 스마트폰을 들여다보는 일이 하루 일과의 전부였다. 이따금 회신 없는 자기소개서도 썼다. '인생에서 가장 힘든 경험은 무엇이었으며, 어떻게 이겨냈는가?'라는 질문을 접할 때마다 웃음이 났다. 바로 지금이며 한 번도 이겨 본 적 없었기 때문이다. 두 해 전 대학을 졸업한 그는 학생도 사회인도 아닌 '없는 존재'였다. 이 시대 청춘의 초상이다.

사회학자 김홍중의 말마따나 생존 경쟁의 시대다. 더 나은 삶을 위해 선택한 체제가 외려 개인의 삶을 갉아먹는다. 신자유주의 시대 청년들은 스스로를 수저에 비유해 금, 은, 동, 흙으로 계급을 나눈다. '흙수저' 계급에서 벗어나려고 안간힘을 써보지만 좋은 직장에 들어가 계급 상승에 성공하는 길은 요원해 보인다. 취업에 실패한 자책감과 스트레스로 삶을 비관하며 스스로 생을 마감한 청년의 이야기는 더 이상 뉴스거리도 되지 못한다. 사무실에 책상 하나를 간신히 얻었어도 불안하기는 마찬가지다. 직장에서 한 달을 버틴 대가는 도시에서 한 달을 지내기에 턱없이 부족하고, 그마저도 언제 사라질지 몰라 오늘도 전전긍긍한다.

기진맥진한 나날 속에도 사랑은 있다. 다만 열병이 아

니라 지병 같은 사랑이다. 공개된 사랑이며 리스크 관리가 필요한 사랑이다. 후일을 약속하고 싶어도 지킬 가망이 없어 말을 멈추고 얼굴을 훔치는 사랑이다. 낭만적 사랑이 해체된 신자유주의 시대의 연애는 종착지를 잃었다. 수지 타산에 맞지 않으면 바로 내치는 사회에서 내 사랑만은 계산적이고 싶지 않았는데 어느새 나는 사회를 닮아 있다. 불안정한 사회에서 사랑마저 흔들리는 우리가 연애 이후를 쉽게 기약하지 않는 건 어쩌면 당연한 일인지도 모른다. 나의 고통을 다음 세대에게 물려주고 싶지 않은 마음과 내 한 몸 건사하기도 어려워 누군가를 부양할 수 없는 현실이 뒤섞인 복합적 상황이랄까.

계산하지 않으면 순진한 '호구' 취급을 받는 서글픈 현실에 연애가 사랑인지 거래인지 헷갈릴 정도다. 마음 가는 대로 전심 다해 상대를 대하면 '지루하다'는 반응이 공허하게 돌아온다. 왜 유독 내 사랑만 힘겨울까. 그러나 사랑이 잘 안되는 것이 당신만은 아니다. 당신 탓도 아니다. 주위를 둘러보면 같은 고민을 하는 동지를 쉽게 발견할 수 있다. 우리는 모두 사랑이 어려운 시대에 살고 있다.

저자의 글을 처음 접했을 때, 누군가 '너희'를 조망하고 쓴 이야기가 아니라 난파선에 탄 '우리'가 함께 손을 잡고 들여다본 연애의 정경이라 더욱 와 닿았다. 본래 공감이란 '들어가서 느끼는 것'이다. 우리의 시선으로 우리를 관찰한 이

책을 당신이 읽고 '나만 그런 게 아니었구나' 하고 위로받기를 바란다. 그러니까 내가 하고 싶은 말은 "그럼에도 우리 존재 파이팅"이다.

박가현 에디터